천년을 내다보며 살아라

혼란에 빠졌을 때

천년을

결단이 필요할 때

내다보며

역경에 부딪혔을 때

살아라

중국 고전을 통해 개척하라!

박 정 수 지음

동해출판

들어가는 말

〈격변하는 시대 속에서〉

바로 어제까지만 해도 당연했던 것들이 눈 깜짝할 새 사라져 버리는 순간이 있다.

미국의 911테러사건과 백년에 한 번 있을법하다는 금융위기, 그리고 동일본대지진 등은 우리를 '한치 앞도 예측할 수 없는', '어제까지 통하던 상식이 더 이상 통하지 않는' 충격에 빠뜨린 대사건들이다. 나는 사회현상과 자연현상을 막론하고 예측할 수 없는 단절이 불시에 덮쳐오는 현시대 속에서 더욱 빛을 발하는 것이 바로 고전의 원리원칙이 아닐까라고 생각한다.

사실 최근 몇 년 사이에 중국고전을 통해 세상 모든 것의 원리원칙을 배우고 싶다는 사람이 늘어나고 있음을 느꼈다.

나또한 몇 차례 중국고전 관련 학술회에 참여했다. 그때마다 누구나 알만한 몇몇 상장기업의 대표들, 대기업 중견 인사들, 투자회사 대표 등 이렇게 바쁜 사람들이 잔업이 쌓인 직장도 아니고 술자리도 아닌 중국고전 학술회에 열심히 참가한다는 사실에 놀라기도 했다.

이런 현상은 수년 전의 경기호황에서 금융위기로 역주하게 된 격변의 시기에 자기 자신과 회사의 현 상황을 쇄신해서 재정립하지 않으면 '시대의 빠른 변화에 자신의 가치기준을 잃고 만다.' 또는 '원리원칙에서 벗어나고 만다.' 라고 생각하는 사람이 적지 않음을 보여준다.

인생과 비즈니스의 원리원칙을 나무에 비유한다면 어느 부분이라 할 수 있을까? 분명 거목의 줄기나 뿌리 부분에 해당될 것이다. 한편 최근의 자기계발 및 경영 이론은 잎이나 꽃, 열매 부분에 해당될 것이다.

봄이나 여름이 되면 나무들은 푸르른 잎이나 꽃, 열매를 맺어 사람들의 눈길을 사로잡는다. 따라서 경기 호황이나 시대의 흐름을 잘 탄 까닭에 성공한 사람과 기업, 그리고 국가는 이 부분에 해당될 것이다.

그러나 사실 이때, 가장 중요한 줄기와 뿌리가 썩어 있다면 가을부터 겨울에 걸쳐 불어오는 차가운 바람이나 대설(大雪), 즉 사회현상이나 자연 현상으로 말하면 대참사나 역경, 그리고 급격한 불경기를 견뎌낼 수 없을 것이다.

현재는 점점 더 한 치 앞을 알 수 없게 되었다. 그렇기 때문에 이 같은 맥락에서 기본적인 원리원칙을 배워야 하는 중요

성과 시급성이 더욱 커지는 것이다.

이 책에서 다루는 중국고전 명언은 그야말로 원리원칙의 결정체라고 할 수 있다. 이런 중국고전의 가장 큰 특징은 상당히 긴 역사를 자랑한다는 점이다. 특히 이 책에서 다수 명언을 채록한 고전, '시경(詩經)' '서경(書經)' '춘추좌씨전(春秋左氏傳)' '역경(易經)' '논어(論語)' '맹자(孟子)' '순자(荀子)' '손자(孫子)' '한비자(韓非子)' 등 모든 것이 지금으로부터 무려 2천 년 전에 쓰였다.

그리고 이렇게 긴 중국 고전의 역사는 중국고전이 고금을 막론하는 원리원칙이라는 사실을 뒷받침해준다. 어찌됐든 천 년이 넘는 역사의 굴곡을 딛고 일어나, 오늘날까지 사람들의 입에 오르내리고 있으니 말이다.

또한 긴 역사를 거쳐 온 명언은 시대의 풍파에 시달리면서 그 장점과 단점이 뚜렷하게 드러났다. 다음의 예는 이와 관련된 하나의 재미있는 이야기이다.

한 장군이 결단을 내려야하는 국면에 처했다. 그는 전진해야 할지 후퇴해야 할지 등의 어려운 결단을 내려야만 하는 이 상황에서 장군으로서 취해야 할 바람직한 태도는 어떤 것인지를 고전에서 찾았다. 그러나 고전에는 무려 180개의 각기 다른 가르침이 존재했다. 한 명언은 '우유부단하게 망설이다가는 기회가 사라져 버린다' 라고 말하고, 또 다른 명언은 '혈기를 앞세우지 말라. 신중하게 생각하지 않으면 적에게 당하고 만다' 라고 말했다.

결단을 앞두고 망설여 질 때, 이 두 가지의 명언을 보고 더욱 혼란이 가중되었다는 어처구니없는 이야기이다. 그러나 사실 두 명언은 그 전제가 되는 상황이 다르기 때문에 서로 모순되는 내용이 적혀 있는 것이다.

'그 명언의 강점과 약점은 무엇인가'

'그 강점과 약점은 어떤 문맥에서 나온 것인가'

등과 같이 한층 더 깊게 생각해야 한다. 이것이 고전 명언을 오늘날의 상황에 맞춰 적용하는 첫걸음이다. 따라서 이 책은 '인생을 잘 살아가기 위해서는' '좋은 조직이란' 등의 큰 줄거리 속에 각각의 명언을 대입함으로써 그 문맥을 명확하게 하는 형식으로 구성했다. 이런 형식이 명언의 배경 및 의미를 더욱 선명하게 할 것이라 판단했기 때문이다. 이 책을 읽는 사람들이 책 속의 명언을 좌우명으로 삼아 마음에 새기거나 조례나 연설의 인용구로 활용해준다면 더없이 기쁘겠다.

차례

III
사람의 마음을 사로잡고 움직여 높은 성과를 내는 조직을 만드는 방법

IV
상사, 부하에게 요구되는 덕행이란

V
중국고전이 가르쳐주는 궁극의 '불패 방정식'

I

어떻게 하면 마음껏 꿈을 펼칠 수 있을까?

인생, 어떻게 살아가야 하는가?

•

사회에 기반을 둔 유교의 가르침

•

높은 뜻을 끝까지 굽히지 않는다.

•

스스로를 단련해서 완성시킨다.

•

즐기는 것이 제일이다.

•

역경이 담력을 키운다.

•

'겸손' 과 '부족함에 대한 자각' 이 있는가?

•

'천명' 이란 무엇인가?

•

'세계' 속에서 살아가다

•

세상의 평가는 시간이 지나면 변하기 마련이다.

•

'삶' 과 '죽음' 은 이어지는 것

•

어떤 것에도 얽매이지 않고 있는 그대로의 모습으로

01

인생, 어떻게 살아가야 하는가?

높은 판매 부수를 자랑하는 한 유명 잡지의 편집장이 갑자기 회사를 그만두었다. 그것도 한창 왕성하게 활동할 나이에 말이다. 그리고 그는 편집장을 그만두고 고향에 내려가 농사를 짓기 시작했다.

잡지 편집장은 기자와 카메라맨, 디자이너 등의 다양한 전문가들을 통솔함으로써 잡지라는 하나의 작품을 만들어내는 직책이다. 누가 보더라도 큰 성취감을 얻을 수 있는 자리인 것이다.

물론 사람이 무엇에 보람을 느끼고 어떻게 살아갈지는 제

각각 다를 것이다. 그러나 나는 편집장과 같이 일적인 보람과 사회적 지위를 모두 갖춘 자리를 깨끗이 단념하고 고향으로 내려가는 그의 결단에 일종의 경외감을 느낄 수밖에 없었다.

이 장은 한 마디로 말해 '인생, 어떻게 살아가야 하는가?'라는 주제를 다룬다. 하지만 그 관점은 사람마다 크게 다르다. 또한 한 사람의 인간이 어떤 일에도 만족하지 못하고 계속 혼란만을 거듭하는 일도 드물지 않다.

다만, 중국고전의 명언을 잘 살펴보면 '인생, 어떻게 살아가야 하는가?' 라는 질문의 답이 대부분 두 가지로 나뉜다는 사실을 알 수 있다.

첫 번째는 인생의 기반을 사회에 두는 입장이다. 사회란 가정이나 회사, 국가, 국제사회 등 인간이 만들어낸 집단을 말한다. 그리고 그들은 이런 집단에서 더욱 좋은 삶을 영위하는 것을 목표로 한다.

속세로 돌아와서 비즈니스 및 후진 양성에 열정을 불태웠던 사람은 그야말로 그곳에서 삶의 의미를 찾았다고 할 수 있다.

그리고 인생의 기반을 세계에 두는 입장도 있다. 세계는 대자연이나 대우주, 그리고 모든 생물은 물론 무기물까지도 포함한 폭넓은 의미를 갖는다.

사회에서의 활약이 아닌 자연과의 친화를 선택한 잡지 편집장은 그야말로 이런 삶의 보람을 갈망했다고 볼 수 있다.

따라서 이 장에서는 '사회' 와 '세계' 라는 두 가지의 관점을 기준으로 '인생을 잘 살아가는 방법' 에 대해 알려주는 명언을 순서대로 살펴보겠다.

02

사회에 기반을 둔 유교의 가르침

먼저 사회에 기반을 두는 삶의 방식을 탐구했던 사람들은 '논어'를 중심으로 한 유교 학자들이었다.

그리고 그들이 무엇보다 먼저 필요하다고 생각했던 것은 '입지立志', 즉 뜻을 세우는 것이었다.

양명학陽明學의 조상 왕양명王陽明은 다음과 같은 명언을 남겼다.

학문을 위해서는 가장 먼저 뜻을 세워야 한다.

배움으로써 자신을 갈고 닦기 위해서는 뜻을 세우는

것이 먼저이다.

'왕문성공전서(王文成公全書)' 제7권 중에서

뜻을 세우지 않음은 키 없는 배, 재갈 없는 말과 진배없다. 정처 없이 바삐 뛰어 떠돌아다니며 마침내 또 다른 어느 곳에 이르겠는가?

뜻을 세우지 않은 것은 키가 없는 배, 재갈 없는 말과 같다. 정처 없이 떠돌거나 제 맘대로 뛰어다니면서, 어디로 가야하는지 모른다.

'왕문성공전서(王文成公全書)' 제20권 중에서

인생을 여행에 비유한다면 '뜻 志' 은 '저곳에 가고 싶다' 또는 '저쪽으로 가고 싶다' 는 강한 의지라 할 수 있다.

전자는 '의사가 되고 싶다' '변호사가 되고 싶다' 등의 구체적인 목표이며, 후자는 '음악적 소질을 살릴 수 있는 일이 좋다' '다른 사람을 돕는 일을 하며 살고 싶다' 등의 인생의 방향성을 가리키는 것이다. 모두 이 '뜻' 이 없다면 '키 없는 배, 재갈 없는 말' 처럼 어디로 흘러가버릴지 모른다고 설명하고 있다.

그렇다면, 구체적으로 '야망' 과 '뜻' 은 어떻게 다른 걸까? '논어' 에는 이런 구절이 있다.

군자는 의에 밝고, 소인은 이득에 밝다.

행동할 때에 의를 우선시하는 것은 군자, 이득을 우선시하는 것은 소인이다.

'논어(論語)' 리인(里仁)편 중에서

의義란 간단히 말해 '모두를 위해' '전체를 위해' 행동하는 것이다. 한편 이利란 '사리사욕' 을 위해 행동하는 것을 말한다.

'뜻' 과 '야망' 의 차이가 바로 여기에 있다. 즉 의를 바탕에 둔 것이 '뜻', 이득을 바탕에 둔 것이 '야망' 이다.

이 둘의 차이는 특히 위기에 처했을 때 명확하게 드러난다.

사리사욕을 바탕에 둔 '야망' 을 지닌 사람은 주변에 이득을 바라는 사람들만 모여든다. 역경에 부딪쳐 이익을 얻어낼 수 없다고 판단하면, 그들은 당연한 듯 금세 등을 돌려 버린다.

한편 의를 바탕에 둔 '뜻' 을 지닌 사람의 주변에는 비슷한 사람들이 모여든다.

인생이란 의기로 사는 것. 공명功名 따위에 구애되랴.

인생은 의기로 사는 것이다. 이름을 남기는 것 따위는 문제 되지 않는다.

위징(魏徵)의 '당시선(唐詩選)' '술회(述懷)' 중에서.

당대 명신 위징魏徵이 쓴 시의 유명한 구절이다. 의기에 넘치는 사람은 위기 상황에 오히려 더욱 힘을 발휘한다는 뜻이다. 역경에 약한 '야망'과 역경에 강한 '뜻'의 대비가 명확해진다.

03

높은 뜻을 끝까지 굽히지 않는다.

사서오경 중 '서경書經'에서는 뜻은 높으면 높을수록 좋다고 말했다.

공을 높임은 뜻에 달려 있고, 일을 넓힘은 근면에 달려 있다.
높은 공적은 뜻이 있어야만 얻을 수 있고, 큰 업적은 부지런해야만 얻을 수 있다.

'서경(書經)' 주관(周官)편 중에서

'삼국지'의 영웅인 조조는 인생 마지막까지 그 뜻을 굽히지 말아야 한다고 말했다.

늙은 준마는 구유에 엎드려 있다한들, 그 뜻은 천리 밖에 있다. 영웅은 만년이 되어도 웅대한 포부는 그치지 않는다.

명마는 나이 들어 마구간에 메여있어도 그 마음만큼은 천리 밖을 달린다. 대장부는 나이 들어 약해져도 큰 포부를 잃지 않는다.

조조(曹操)의 '고시상석(古詩賞析)' '보출하문행(步出夏門行)' 중에서

사회 속에서 보람을 느끼고 싶다면 우선 자신이 성취하고 싶은 것을 정하고 이를 끝까지 포기하지 말라는 이야기이다.

물론 사람이 죽기 직전까지 큰 기개를 유지하기란 그리 쉬운 일이 아니다. 따라서 매우 역설적이지만 '뜻' 을 높게 품는 것이, 명확하게 말하면 평생 노력해도 이룰 수 없을 만큼 높게 품는 것이 좋다.

왜냐하면 그 '뜻' 이 자칫 어설프게 이뤄질 경우, 긴장이 풀어져 노년을 헛되게 보낼 수 있기 때문이다.

뜻은 가득 채워서는 안 되고, 즐거움은 끝까지 채워서는 안 된다.

소망은 전부 이뤄지지 않는 편이 좋고, 즐거움 또한 적당하게 추구하는 편이 좋다.

'예기(禮記)' 곡례상(曲禮上)편 중에서.

인생에서 모든 것을 성취하기보다 다소 부족한 듯 무언가에 쫓기는 편이 좋을 수도 있다.

04

스스로를 단련해서 완성시킨다

뜻을 세운 뒤에는 그 뜻을 실현시키기 위해 우선 스스로를 단련하는 것이 중요하다. 이를 '수기修己', 즉 닦을 수修에 자기 기己를 붙여 가리키는데, 이에 관한 명언이 하나 있다.

한 분야에서 이름을 떨치기 위해서는 대부분의 경우 그 분야에서 필수라 여겨지는 기본을 꾸준히 익히는 단계가 반드시 필요하다. 학문으로 말하면 전문가로 불리기까지 3만 시간의 기초 공부가 필요하다는 주장이 있다. 운동 또한 필요한 근육을 단련시키는 단계가 필요한 것이다.

성악설로 유명한 '순자荀子'에는 다음과 같은 구절이 있다.

학문은 그쳐서는 안 된다. 푸른색은 쪽에서 취하지만 쪽빛보다 더 푸르다.

학문은 도중에 그만두어서는 안 된다. 푸른색은 쪽으로 만들어지지만 쪽빛 보다 더 푸르다.

'순자(荀子)' '권학(勸學)'편 중에서.

'청출어람 靑取於藍' 으로 유명한 구절이다. 오늘날에는 제자가 스승을 능가한다는 의미로 쓰인다.

그러나 본래 문맥에 비춰보면 '지속적인 학문의 축적이 필요하다' 는 뜻이다. 쪽에서 취하는 쪽물이 적으면 옷을 물들일 수 없다. 계속해서 쪽물을 취해야지만 사람들을 놀라게 할 만한 선명한 푸른빛이 완성되는 것이다.

이런 노력은 사실 재능뿐만 아니라 근성 역시 매우 중요하다. 사서오경 중 하나인 '중용中庸'은 그렇기 때문에 더욱 우리처럼 평범한 사람이 기대를 품을 수 있다고 말한다.

남이 한번해서 능히 하거든 자신은 백번 해보고, 남이 열

번해서 능하거든 자신은 천 번을 해야 한다.

성인처럼 뛰어난 인물이 한 번 해서 성공한 일이라면, 우리처럼 평범한 사람이 백 번 반복하면 성공할 수 있다. 능력 있는 인물이 열 번 해서 성공한 일이라면, 천 번 반복해야지 성공할 수 있다.

'중용(中庸)' 20장 중에서.

그러나 일이 바쁜 와중에 틈을 내서 공부 하기란 쉽지 않다. 좀처럼 진도가 나가지 않거나 시간을 쪼개기 어려운 것도 사실이다. 이런 변명을 하는 사람에게 던지는 따가운 충고가 있다.

배움에 시간이 없다고 하는 자는 비록 시간이 있어도 배우지 못한다.

바빠서 공부할 틈이 없다고 말하는 사람은, 여유가 생겨도 공부하지 않는다.

'淮南子(회남자)' 說山訓(설산훈)중에서.

오늘 배우지 아니하고 내일이 있다고 말하지 말라.

오늘 할 공부를 내일로 미뤄서는 안 된다.

주자(朱子)의 '명심보감(明心寶鑑)' 권학(勸學)편 중에서.

불가능 하다고 변명만 되풀이 하는 사이 인생은 끝나버릴 것이다.

05

즐기는 것이 제일이다

노력해야한다는 것을 알면서도 좀처럼 게으름을 떨쳐버리지 못해 무슨 일이든 작심삼일로 끝나고 만다. 이 같은 고민을 하고 있는 사람이 적지 않을 것이다.

'논어' 에는 이런 사람들에게 딱 맞는 명언이 있다. 공자는 다음과 같이 말했다.

잘 아는 사람은 좋아하는 사람만 못하고 좋아하는 사람은 즐기는 사람만 못하다.

어떤 지식을 알고 있는 것은 좋아하는 경지에 미치지

못한다. 그러나 좋아하는 것도 즐기는 경지에 미치지 못한다.

'논어(論語)' 옹야(雍也)편 중에서.

이 구절을 성장에 비유하면 다음과 같은 내용이 된다. '스스로 성장하는 것은 즐거운 일이다. 성장의 즐거움을 실감할 수 있으면 노력 따위는 어렵지 않다. 그렇게 되면 누구보다도 멀리 갈 수 있다' 라고 말이다.

이 즐거움에 대해 좀 더 구체적으로 말한 명언이 있다.

배우고 때때로 익히니 어찌 기쁘지 아니한가. 벗이 있어 멀리서 찾아오니 어찌 즐겁지 아니한가. 남이 나를 알아주지 않아도 원망하지 아니하니 어찌 군자라 아니하겠는가.

배운 것을 때때로 익혀 확실히 내 것으로 만든다. 이 얼마나 기쁜 일인가. 뜻을 함께하는 친구가 멀리서 찾아와준다. 이 얼마나 즐거운 일인가. 남들이 나를 인정해주지 않아도 전혀 개의치 않는다. 이야말로 진정한 군자의 모습이 아닌가.

'논어(論語)' 학이(學而)편 중에서.

'논어' 서두의 유명한 구절이다. 전반부는 마치 우산을 골프 클럽 삼아 코치에게 배운 스윙을 연습하는 직장인과 같다. 주변 사람들에게는 민폐일지 모르지만 자신은 '그 때 배운 스윙은 이렇게 했었지' 라며 실력이 성장했다는 보람을 느끼고 얼굴에 미소를 한가득 띠는 것이다.

그리고 후반부는 그런 직장인에게 멀리 사는 골프 친구가 찾아와서 같이 게임을 하는 듯한 상황이다. '너 많이 늘었구나' '너야말로 몰래 혼자 연습했지' 등의 말을 주고받으며 서로의 실력 성장을 인정하고 기뻐한다.

그리고 마지막 부분의 '남이 나를 알아주지 않아도 원망하지 아니하니 어찌 군자라 아니하겠는가' 라는 구절이야말로 사람이 성장하는 데에 반드시 필요한 또 하나의 측면을 나타낸다.

06

역경이 담력을 키운다

앞서 성장의 기쁨에 대해 언급했다. 이를 실감할 수 있는 체험을 다른 말로 표현하면 다음과 같다.

'시간이 흐른 뒤 노력한 만큼의 성과가 반드시 얻어지면, 그 기쁨을 실감할 수 있다'

사람은 이런 경험을 몇 차례 되풀이함으로써 소위 말하는 노력의 참맛을 깨닫고 스스로에게 '노력 엔진'을 장착하는 것이다. 이 '노력 엔진'은 인생을 적극적으로 살아나가는 원동력이 된다.

한편 안타깝게도 인생에는 순조로운 국면만 있는 것이 아니다. 인생은 산 넘고 물 건너는 일의 연속이며 제 아무리 노력해도 성과를 거두지 못하는 경우도 있다. 우리는 이것을 '역경'이라 한다. '맹자'에는 이 '역경'에 관해 흥미로운 지적이 있다.

육체적으로 단련시키고, 육신을 굶주리게 하고 궁핍하게 하며, 그가 하는 일을 뜻에 어긋나게 만들어서 무서운 역경에 빠뜨린다.

그렇게 함으로써 그가 분발해서 강한 인내력을 가지고 능력을 키워서 큰 임무를 맡게 하도록 하는 것이다.

하늘이 장차 사람에게 큰일을 맡길 때에는, 먼저 그 마음과 뜻을 괴롭게 하고 육체를 단련시킨다. 또한 육신은 굶주리고 가난하게하며 하는 바를 어긋나게 만들어 무서운 역경에 빠뜨린다.

하늘이 어떤 사람에게 큰 임무를 맡기려 할 때에는 반드시 그를 먼저 정신적이나 육체적으로 괴롭힌다. 또한 육신을 굶주리게 하고 궁핍하게 하며, 무슨 일이든 마음대로 되지 않게 하는 시련을 준다.

'孟子(맹자)' 고자(告子)편 중에서.

왜 사람이 성장하기 위해서는 이런 '역경'이 필요한 걸까? 한 마디로 '담력'을 길러야하기 때문이다. '담력'이란 자신의 뜻대로 되지 않는 상황이 계속 이어져도 흔들리지 않고 감정을 제어함으로써 해결책을 제시하거나 꿋꿋이 인내하는 힘을 말한다. 이런 담력이 없다면 보람 있는 일을 하는 도중에 때때로 등장하는 큰 장벽을 넘어설 수 없다.

또한 '역경'은 우리의 부족한 점을 깨닫는 기회가 되기도 한다.

역경에 처했을 때는 주위가 모두 침과 약 같아, 자신도 모르게 절조와 행실을 닦게 된다. 모든 일이 순조로울 때는 눈앞이 모두 칼과 창 같아, 살을 말리고 뼈를 깎아도 깨닫지 못한다.

역경에 처했을 때는 주변의 모든 것이 좋은 약이 되어 자신도 모르는 마음과 행동을 새롭게 가다듬게 된다. 한편 순조롭게 일이 풀릴 때는 모든 것이 흉기가 되어 몸 전체가 상처를 입어도 깨닫지 못한다.

'채근담(菜根譚)' 전집 중에서.

명나라 말기에 쓰인 '채근담'의 한 구절이다. 인간에게는 분명 이런 면이 존재한다. 슬럼프나 좋지 않은 상황에서 벗어나기 위해서는 더욱 노력하고 자신의 문제들을 총 점검해야 한다. 이렇게 함으로써 우리는 비로소 크게 성장할 수 있는 것이다.

즉 역경은 '자신을 되돌아보는 계기'가 된다. '현명한 사람은 다른 사람의 경험을 통해 배우고, 어리석은 사람은 자신의 경험을 통해 배운다'라는 말처럼, 이런 계기는 자신의 역경뿐 아니라 다른 사람의 역경을 통해서도 만들 수 있다. '시경 詩經'에는 다음과 같은 구절이 있다.

다른 산의 못난 돌멩이라도 옥을 갈 수 있다

비록 하찮은 돌멩이라도 옥을 가는 데에 활용할 수 있다.

'시경(詩經)' 소아(小雅)중에서.

오늘날에도 자주 쓰이는 '타산지석'의 출전이다. 다른 사람의 과실이나 실패, 역경의 경험은 나를 되돌아보는 기회가 된다는 뜻이다. 현명한 사람은 다른 사람의 어리석음을 비웃는 것이 아니라, 자신도 같은 실수를 범할 우려가 있는지 살펴야 한다.

07

'겸손'과 '부족함에 대한 자각'이 있는가?

한편 조금 다른 관점으로 사람의 성장에 대해 생각해보자. 죽고 난 이후 점점 더 인기가 높아지고 있는 경영학자 피터 드러커(Peter F. Drucker)는 그의 저서 '프로페셔널의 조건(The Essential Drucker)'에서 재미있는 말을 했다.

> 성장 프로세스를 유지하기 위한 세 가지의 강력한 방법은 가르치는 것, 옮기는 것, 현장에 나가는 것이다
>
> P.F.드러커의 '프로페셔널의 조건' 중에서.

사실 나는 왜 드러커가 이 '가르치는 것, 옮기는 것, 현장에 나가는 것'을 꼽았을까, 오랜 시간 의문을 가졌었다. 모두 자신을 성장시킬 계기가 되는 것은 분명하지만, 왜 이 세 가지에 초점을 맞췄는지, 그 이유를 좀처럼 이해할 수 없었기 때문이다. 그러던 어느 날 문득 이 세 가지 모두, 자신이 겸손하게 노력해야만 하는 상황이라는 것을 깨달았다.

새로운 직장, 익숙하지 않은 현장, 가르치는 입장 즉 모두 자신의 무지를 깨닫고 자만할 수 없는, 자신이 직접 움직여야만 하는 환경이다. 중국고전에도 다음과 같은 말이 있다.

가르치는 일의 절반은 자기 공부가 된다.

남을 가르치면 그 절반은 자신의 공부도 된다.

'서경(書經)' 열명(說命)하편 중에서.

인간은 모든 일상 속에서 연마를 거듭함으로써 자신을 갈고 닦아야 한다. 그리하면 이득을 얻는다.

사람은 일상생활 및 업무 속에서 자신을 연마해야만 한다. 그래야만 비로소 성과를 거둘 수 있다.

'전습록(傳習錄)' 하권 중에서.

후자의 원문에 '사상 事上' 이라는 말이 있는데, 오늘날에는 현장 업무를 뜻한다. '사상마련 事上磨練' 이라는 사자성어로서 잘 알려져 있는 구절이다. 전습록에는 다음과 같은 구절도 있다.

인생 최대의 병폐는 오직 오 傲 라는 한 글자에 있다.

인생에서 가장 큰 악의 근원은 오 傲, 즉 오만함이다.

'전습록(傳習錄)' 하권 중에서.

흔히 '선생은 선생이라고 불리기 전까지만 대단하고, 선생이라 불리기 시작하면 그저 그런 사람이 된다' 라고 한다. 드러커의 지적과는 반대로 '평론만 하고' '보스처럼 권위적이 되며' '그럴 듯한 논리에 기대는' 등 오만함에 빠지면, 자연스레 성장은 멈춰버리고 만다. '겸손함' 과 '부족함에 대한 자각' 이 있어야 성장할 수 있다는 사실은 예나 지금이나 변함없는 원칙 중 하나이다.

이에 관해 꼭 맞는 명언이 하나 있다. 이 말은 사서오경 四書五經 중 하나인 대학 大學 에 쓰여 있다.

날로 새롭게 하며 나날이 새롭게 하며 또 날로 새롭게 한다.

하루를 새로운 마음으로, 매일을 새로운 기분으로, 또 하루를 새로운 마음으로 보낸다.

'대학(大學)' 전이(傳二)장 중에서.

08

'천명' 이란 무엇인가?

중국고전은 이렇게 성장의 기쁨을 느끼며 자신을 고양시키는 동안 사람들이 각각 자각하는 대상이 있다고 여겼다. 바로 이것이 '천명' 이다. 흥미롭게도 '천명' 과 '뜻' 은 정반대의 특징을 갖고 있다.

흔히 '젊은 사람은 무한한 가능성을 지닌다' 라고 말하지만, '뜻' 은 그 무한한 가능성을 믿고 '~을 동경한다' '~을 하고싶다' 라는 강렬한 소망을 품는 것이다.

그러나 그 동경이 정말 자신의 능력이나 강점과 일치하는

지, 그 여부는 실제로 사회에 진출해 봐야지만 알 수 있다. 사회에서 여기 저기 부딪히는 과정을 통해 사람은 자신의 진정한 강점과 약점을 자각해나간다. 이렇게 자신의 한계를 인식한 후에 '나에겐 이것 밖에 없다' '이것으로 인생을 살아나가자' 라고 결심하는 단계가 바로 '천명' 인 것이다.

'점占은 맞는 수도 있고, 안 맞는 수도 있다' 라는 명언으로 유명한 '역경易經' 중에 다음과 같은 말이 있다.

하늘을 즐기고 명을 알면 근심이 없다.

운명을 즐기고 천명을 자각하면 근심하는 일도 없다

'역경(易經)' 계사상전(繫辭上傳) 중에서.

'천명' 에는 '자신의 힘으로는 바꿀 수 없는 운명' 과 '자신의 힘으로 개척할 수 있는 사명' 이라는 정반대의 의미가 함께 담겨 있다. 운명을 바꿀 수 없는 한 우선 즐기도록 하자. 그리고 그 후 자신의 사명을 자각하고 살아가자.

'논어' 의 말미를 장식하는 구절도 다음과 같이 말한다.

천명을 알지 못하면 군자가 될 수 없고 예를 알지 못하면

설 수 없으며, 말을 알지 못하면 사람을 알 수 없다.

천명을 모르면 군자가 될 수 없고 예의를 모르면 자립할 수 없으며, 언어를 모르면 사람을 이해할 수 없다.

'논어(論語)' 요왈(堯曰)편 중에서.

자신의 운명과 사명을 자각하고 사회 속에서 맡을 역할을 인지하고 실행해나가는 것, 이것이 인간으로서 살아가는 길이다.

단, 이 '천명'은 앞서 언급했듯이 어느 정도 인생 경험을 쌓은 후에야 얻을 수 있다. 하물며 천하의 공자조차 50세에 비로소 천명을 깨달았다.

15세 지학 志學

30세 이립 而立

40세 불혹 不惑

50세 지천명 知天命

60세 이순 耳順

70세 종심 從心

나는 열다섯 살 때 학문에 뜻을 두고 서른에 자립 했으며, 마흔에는 방황하지 않게 되었다. 그리고 쉰에 천명을 깨달았다. 예순에는 다른 사람의 의견을 곧이들을 수 있게 되었고 일흔이 되자 마음 가는 대로 행동해도 선을 넘지 않게 되었다.

'논어(論語)' 위정(爲政)편 중에서.

'불혹' 과 '지명' 의 출전 구절이다. 다시 말해 천하의 공자조차 39세 때 까지 줄곧 방황만 하고 마흔이 되기 전까지는 천명을 깨닫지 못했다는 뜻이다. 긴 인생 속에서 천천히 성장해나가도 좋다는 따뜻한 목소리가 들려오는 듯하다.

09

'세계' 속에서 살아가다

대자연과 대우주, 그리고 세계 속의 인간이라는 관점에서 어떻게 살아가야할 지에 대한 명언이다.

당대의 시인 두보杜甫는 앞서 살펴본 사회와 대비되는 세계의 모습에 대해 말했다. 다음은 그의 유명한 구절이다.

나라가 망하니 산과 강만 남아 있고 성 안의 봄엔 초목만이 무성하구나.

산과 강은 변하지 않는다. 성 안에 봄이 찾아와 풀과 나무가 무성하다.

두보(杜甫)의 '춘망(春望)' 중에서.

견당사遣唐使(중국 당나라에 보내던 사신)로 유명한 당나라 왕조는 당시 현종황제와 양귀비의 사랑 때문에 일어난 전란에 휘말려, 나라가 이루 말할 수 없이 황폐해졌다. 그러나 이런 인간세계의 혼란과는 상관없이 대지는 여전히 녹음으로 무성하고 강은 계속해서 잔잔히 흘러가기만 했다.

다음의 명언은 이런 대자연과 우주를 느끼며 살아가고 싶어 하는 마음이 그대로 담겨있다.

천지 사이를 유유히 소요하며 마음은 한가로이 자득自得한다.

하늘과 땅 사이에서 한가롭게 즐기고 여유로운 마음으로 살아간다.

'장자(莊子)' 양왕(讓王)편 중에서.

비좁은 속세 일 따위는 잊어버리고 느긋하게 살아가자는 의미이다.

또한 이런 노장사상老莊思想의 고전에서는 속세를 떠난다

는 말에 공간적인 의미뿐만 아니라 시간적인 의미도 담겨 있다.

영원한 시간의 흐름에서 보면 인생이 그저 한 순간에 지나지 않는다는 사실을 자각하고 그저 마음껏 즐기자고 생각하게 된 것이다.

사람의 한 평생은 흰 말이 문틈으로 지나가는 것만큼 짧은데 어찌 스스로 그와 같이 고생하며 살기를 원하는가.

인간의 일생은 짧다. 그런데 왜 그렇게 자신을 괴롭히고 있는 것인가.

'사기(史記)' 유후세가(留侯世家) 중에서.

이 또한 겨우 한 순간뿐인 인생에서 자신을 괴롭게 할 의미가 없다는 뜻이다.

남북조南北朝시대의 시인 도연명陶淵明도 다음과 같은 명언을 남겼다.

때를 놓치지 말고 부지런히 힘을 써라 세월은 기다리지 않는다.

때를 놓치지 말아라. 세월은 사람을 기다려 주지 않는다.

'도연명(陶淵明)'의 '잡시(雜詩)' 중에서.

흥미롭게도 이 구절을 학문에 힘쓰라는 뜻으로 착각하고 인용하는 사람이 있다. 하지만 원래 의미는 어차피 짧은 인생이니 술이라도 마시며 즐기라는 말이다.

이렇게 대자연과 일체가 된 경지에 접어들게 된다면 인간이 만든 사회, 그리고 사람들이 상식으로 여기는 것들이 불가사의하게 비춰지기 시작할 것이다.

10

세상의 평가는 시간이 지나면 변하기 마련이다

노장사상을 대표하는 책인 '노자老子'에는 역설적인 명언이 여러 개 등장하는데, 다음의 두 가지 명언은 그 전형적인 예이다.

천하의 모든 이가 아름답다고 알고 있는 것은 꾸며진 아름다움이며 사악한 것이다. 모든 이가 선하다고 알고 있는 것은 꾸며진 선이며 선하지 않은 것이다.

사람들이 아름답다고 여기는 것은 실제로 추한 것이며, 선하다고 인정하는 것은 실제로 악하다.

'노자(老子)' 2장 중에서.

화禍, 그 곁에는 복福이 기대어 있고, 복, 그 속에는 화가 숨어 있다. 누가 알겠는가, 그 다함을.

재앙에는 행복이 깃들어 있고, 행복에는 재앙이 깃들어 있다. 그러나 누구도 이를 간파하지 못한다.

'노자(老子)' 58장 중에서.

인간 사회에는 '저건 좋다' '저건 아니다' '저건 별 다섯 개' '저건 별 두 개' '당신은 A급' '당신은 C급' 등의 평가로 가득하다. 그러나 이런 것들은 시간이 지나면 변하기 마련이다. 사람의 취미나 기호도 각양각색이기 때문에 입장이 달라지면 자연스레 그 내용도 변하게 되는 것이다.

그렇다면 사람들은 왜 그런 애매한 평가에 웃고 우는 것일까.

사실 사람들은 자신의 작은 기준으로 다양한 것들을 헤아리려고 하지만, 세계라는 큰 관점에서 보면 인간의 작은 기준으로는 측정할 수 없는 가치를 지닌 것들이 많다.

따라서 다음과 같은 명언이 탄생했다.

뛰어난 기교는 졸렬해 보이고, 훌륭한 말일수록 어눌하게 들린다.

정말 뛰어난 기교는 보잘 것 없이 보이고, 정말 뛰어난 달변은 서투르게 들린다.

'노자(老子)' 45장 중에서.

이 명언을 예술계에 빗대어 보면 미술에 대해 아무것도 모르는 사람이 피카소나 마티스의 명작을 보고 '이게 뭐야, 어린애 낙서?' 라고 말하는 것과 같다. 자신의 한정된 기준밖에 갖지 못하는 사람에게는 늘 이런 면이 존재한다.

11

'삶'과 '죽음'은 이어지는 것

사람이 자신의 기준으로 헤아릴 수 없는 것 가운데 대표적인 것은 바로 자신의 죽음이다. 실제로 죽어보지 않은 이상 그 실체를 알 수 없기 때문이다.

이런 관점에서 다음과 같은 명언이 탄생했다.

누가 능히 사생과 존망이 일체임을 알 수 있을까? 내 그런 이를 벗 삼으리라.

삶과 죽음, 그리고 존망이 일체임을 깨달은 사람은 없는가, 만약 그런 사람이 있다면 기꺼이 벗으로 삼겠다.

'장자(莊子)' 대종사(大宗師)편 중에서.

대저 스스로의 삶을 좋다고 하는 것은 곧 스스로의 죽음도 좋다고 하는 셈이다.

삶을 긍정한다면 죽음 또한 긍정해야만 한다.

'장자(莊子)' 대종사(大宗師)편 중에서.

태어나면 언젠가 반드시 죽는다. 즉 삶과 죽음은 이어지는 것이다. 따라서 그 누구도 이 둘을 분리해서 삶은 좋지만 죽음은 싫다고 말할 수 없다. 또한 '장자莊子'에는 '호접몽胡蝶夢'으로 잘 알려진 유명한 구절이 있다. 원문의 '주周'는 '장자'의 저자 장주莊周를 말한다.

모르겠구나, 내가 꿈에서 나비가 된 것인가? 아니면 나비가 꿈에서 나로 변한 것인가.

장주가 꿈에서 나비가 된 것인지 아니면 나비가 꿈에서 장주가 된 것인지 알 수 없게 되었다.

'장자(莊子)' 제물론(齊物論)편 중에서.

이 유명한 구절은 다음의 이야기 속에서 나왔다.

'언제였을까. 장주莊周, 즉 나는 꿈속에서 한 마리의 나비가 되었다. 팔랑팔랑 하늘을 나는 나비였다. 마음껏 하늘을 날아다니는 사이 이미 자신이 장주라는 사실을 까마득히 잊었다.

그런데 문득 눈을 떠보니 분명 나비가 아닌 나 자신 장주였다. 도대체 장주가 꿈에서 나비가 된 것이었을까 아니면 나비가 꿈에서 장주가 된 것이었을까.

세상의 상식에서 보면 이 둘은 분명히 다른 존재이다. 그러나 끊임없이 변하는 실제 세계에서는 꿈 또한 현실이고 현실 또한 꿈이다. 이 둘 사이에는 어떤 구별도 없다.'

무엇이 현실이고 무엇이 꿈인지, 자신은 정말 살아있는 것인지, 그저 꿈속의 존재일 뿐인지 사람은 알 도리가 없다는 이야기이다. 엉뚱한 이야기 같지만 현대철학은 지금 우리가 살아가고 있는 현실이 사실은 꿈 속 이야기가 아니라고 논리적으로 입증할 수 없다는 결론을 내렸다. 즉, 우리는 우리가 가지고 있는 생각보다 훨씬 불확실한 기반 위에서 살아가고 있다는 것이다.

12

어떤 것에도 얽매이지 않고 있는 그대로의 모습으로

인간과 같이 작은 존재로서는 도저히 헤아릴 수 없는 대상이 또 하나 있다. 바로 '미래' 이다.

우리는 인생이나 비즈니스에서 눈앞에 보이는 이득과 손해를 따져 결정을 한다. 끊임없이 갈림길에 서서 오른쪽으로 갈지 왼쪽으로 갈지 선택하는 것이다. 그러나 분명 눈앞에 보이기로는 오른쪽 길이 좋았어도 마지막에 아주 나쁜 결과가 기다리고 있는 일이 있다. 반대로 눈앞에 보이기로는 손해를 입을 것 같은 왼쪽 길이 마지막에 웃을 수 있는 경우도 드물지 않다.

'열자列子'는 이 어려운 질문에 대해 갈림길이 많아 도망간 양을 놓쳐버린 비유를 사용해 다음과 같이 표현했다.

큰길은 갈림길이 많아 양을 잃게 되며, 학문하는 사람은 방법이 많아 삶을 잃게 된다.

학문에는 다양한 길이 있어 어느새 삶의 진리를 잃게 된다.

'열자(列子)' 설부(說符)편 중에서.

오늘날에도 사용되고 있는 사자성어 '다기망양多岐亡羊'의 출전이다. 큰 길이란 그 끝에 멋진 미래가 기다리는 길을 말한다. 그러나 사람은 눈앞에 보이는 이익이나 화려함 때문에 불행에 이르는 갈림길을 택하고 방황하게 되는 것이다.

그럼 어떻게 하면 좋을까? '열자列子'에는 다음과 같은 명언도 있다.

이미 세상에 태어났으니 뜻은 버리고 여기에 따르라. 원하는 것을 다했으니 죽음을 기다린다.

이왕 태어났으면 의지 따위 버리고 흘러가는 대로 가라.

하고 싶은 일을 했으면 그 다음은 죽음을 기다릴 뿐이다.

'열자(列子)' 양주(楊朱)편 중에서.

자신의 선택이 어떤 결과를 가져오든 후회하지 말고 상황이 흘러가는 대로 살아가라는 뜻이다.

바꿔 말하면 눈앞의 일에 괜히 머리를 써서 득실을 따지려 들면 나쁜 결과를 가져올 뿐이니, 자신의 느낌대로 나아가자는 의미이다.

노장사상은 이런 자세에 대해 '무위자연無爲自然' 이라고 표현했다.

'무위無爲' 란 아무 것도 하지 않는 것이 아니라 무리하고 억지로 애쓰지 않는 것, 그리고 '자연'이란 있는 그대로 라는 뜻이다, 따라서 '무위자연'은 '억지로 애쓰지 않고 있는 그대로의 모습' 이라는 의미가 된다.

물과 여성, 그리고 아기는 바로 이 무위자연을 체현體現하고 있는 존재이다.

'최고의 선' 은 물과 같다. 물은 만물을 이롭게 하면서 다투지 않고 뭇사람들이 싫어하는 낮은 곳에 처한다.

가장 이상적인 삶은 물과 같이 사는 것이다. 물은 만물에 이로움을 끼치면서 상대방을 거스르는 일이 없고, 사람이 꺼려하는 낮은 곳으로 흘러간다.

'노자(老子)' 8장 중에서.

남성적인 것을 알면서 여성적인 것을 지키면 천하의 계곡이 된다.

남성의 강인함을 인정하면서도 여성의 유연함도 갖추면, 지류가 흘러들어가는 계곡과 같이 만물을 받아들일 수 있다.

'노자(老子)' 28장 중에서.

덕을 품음이 두터운 사람은 갓난아이에 비유된다.

덕이 많은 인물은 갓난아이와 같다.

'노자(老子)' 55장 중에서.

어떤 것에도 얽매이지 않고 만물을 있는 그대로의 모습으로 받아들이는 것, 그것이 바로 자연과 세계 속에서 살아가는 이상적인 모습이다.

II

인생은 산 넘고 물 건너는 일의 연속, 반복되는 역사를 통해 배우자.

중국인이 역사를 중요시하는 이유

•

'구조적' 인 역사의 반복

•

자만과 오만은 전형적인 몰락의 패턴이다

•

간언을 받아들일 수 있는지가 관건이다

•

무엇이든 적당히 하는 것이 중요하다

•

'순환' 에 어떻게 순응하고 이용할 것인가

•

순환하는 모든 것에는 반드시 최저점이 있다

•

사람은 일진일퇴를 반복함으로써 세상의 실상을 알아간다

01

중국인이 역사를 중요시하는 이유

중국의 사마담司馬談과 사마천司馬遷부자가 쓴 역사서 '사기史記'를 읽고 '정말 대단하다.'라고 감탄한 후, 자신은 한참 뒤떨어졌다는 심정을 그대로 필명으로 삼은 인물이 있다. 지금까지도 인기가 식을 줄 모르는 일본의 국민 작가이며 역사소설의 대가인, 시바료타로이다.

분명 '사기'라는 역사서는 유명 작가를 이렇게 감탄시킬 만한 풍부한 내용과 선진성을 모두 갖고 있다. 그중 선진성을 단적으로 나타내는 예가 바로 '표表'라고 불리는 연표이다. 아마도 사마담과 사마천 부자는 '사기'를 집필할 때 다음과 같이 생각했던 것 같다.

'자신이 살고 있는 시대는 과거로부터의 축적으로 만들어진 것이다. 그렇다면 남겨진 사료史料를 이용해 가능한 한 시간을 거슬러 올라가, 역사적 경위를 구성해보자' 라고 말이다. 이는 현대 역사학의 기본적인 인식과 일치한다.

따라서 사료를 통해 연호를 파악할 수 있는 사항은 시간을 거슬러 올라가 연호를 붙여나갔다. 가장 오래된 기록은 기원전 841년이었다. 그리고 연호를 알 수 없는 그 이전 사항은 일어난 순서 즉 계기繼起순으로 정리했다.

이후 중국에서는 '사기' 와 같은 체제의 역사서가 지속적으로 집필되어 오늘날에까지 이르렀다. 이렇게 기원전 9세기부터 시간의 흐름을 파악할 수 있는 역사적 기록을 끊임없이 남기고 있는 민족은 다른 어느 나라에서도 찾아볼 수 없다.

그렇다면 왜 중국인은 이렇게까지 역사를 중시하는 것일까? 실리적인 면에서 한 가지 큰 이유가 있었다. 한 마디로 말해 사회적인 현상은 비슷한 형태를 반복하기 때문에 과거의 경위가 현재의 교훈이 될 수 있기 때문이다.

얼마 전 세계가 금융위기에 처했을 때, 언론과 논단에서는 1929년 세계대공황에서 무엇을 배울지 열띤 토론을 펼쳤다. 인간의 심리나 감정을 기반으로 움직이는 사회는 소위 '인간다움'에 변화가 없는 한, 대체로 비슷한 형태를 반복하게 된다.

주자학朱子學으로 유명한 주희朱熹는 다음과 같이 말했다.

> 천운이 순환하여 가고 오지 않음이 없다.
>
> 하늘은 순환하고 가는 일이 있으면 반드시 오는 일이 있다.
>
> 주희(朱熹)의 '대학(大學)', '대학장구서(大學章句序)' 중에서.

사서오경四書五經 중 하나인 '대학大學'에 주희가 붙인 서문 가운데 한 구절이다. 사회가 순환하는 모습을 낮과 밤, 그리고 사계절의 순환에 빗대어 표현한 것이다.

이런 사회적 순환 중 중국인이 특히 주목했던 것은 왕조 및 권력자 등의 '치란흥망治亂興亡'이었다. 눈부신 번영을 누렸던 왕조 및 권력자도 언젠가는 몰락하고, 이윽고 새로운 세력에게 빼앗기고 만다. 도대체 왜 그런 것일까.

이 '치란흥망'의 출전은 다음과 같다.

무릇 흥하고 망하고 다스려지고 어지러워지는 자취를 임

금 된 자는 거울로 삼을 수 있어야 한다.

지배자는 각국의 치란흥망의 역사를 보고, 자신을 반성하는 거울로 삼아야 한다.

구양수(歐陽脩)의 '문장궤범(文章軌範)', '붕당론(朋黨論)' 중에서.

북송北宋의 정치가이자 사상가인 구양수歐陽脩의 명언으로, 역사가 비슷한 패턴을 반복한다면 그 흐름으로부터 배워야 한다는 것이다. 한편 성악설로 유명한 '순자荀子'는 이런 역사를 통해 배우려 하지 않는 사람의 어리석음을 다음과 같이 표현했다.

앞의 수레가 이미 전복되었는데도 뒤에서는 고칠 줄을 모르니 무엇으로 때를 깨달으랴.

앞을 달리는 수레가 넘어졌는데도 그 경로를 바꾸려하지 않는다. 도대체 언제 깨달음을 얻을 것인가.

'순자(荀子)' 성상(成相)편 중에서.

오늘날로 말하면, 고속도로를 달리고 있는데 도로의 움푹패인 곳에 타이어가 걸린 앞 차가 전복된 것이다. 그런데도 계속해서 같은 곳에 걸리는 사고가 반복되는 것은 그 얼마나 어리석은 일인가. 어쩌면 알면서도 비슷한 역사를 반복하는 것이 인간의 천성인지도 모르겠다.

02

'구조적' 인 역사의 반복

다만, 이와 같은 역사의 반복에는 두 가지 형태가 있다. 바로 '구조적 반복' 과 '순환적 반복' 이다.

'구조적' 이란 말 그대로 구조적인 상황을 말한다. 즉 구조불황은 구조적으로 불황이 될 수밖에 없는 상황이며, 구조개혁은 하향구조를 상향구조로 바꾼다는 의미이다.

'구조' 이기 때문에 제대로 기능을 해나가면 직선적으로 성장해야 한다. 하지만 다양한 사정에 의해 제대로 구조적 기능을 못하게 되는 경우도 있다. 그런 경우에는 결국 쇠퇴의 방향으로 전환해 순환의 파도에 휩쓸려버린다.

그럼 왜 구조가 제 기능을 하지 못하는 것일까. 신기하게도 현대 국가와 기업의 연구에서 공통된 원인을 발견할 수 있다.

국가가 광대한 영토 정복이나 전쟁으로 인해 지나치게 확대되면, 대외적인 팽창으로 얻을 수 있는 이익에 비해 이를 손에 넣기 위한 위험부담이 너무 커지게 된다.

P.케네디의 '대국의 흥망(The Rise and Fall of the Great Powers)' 중에서.

조직이 급속도로 성장해 중요한 자리에 적절한 인재를 배치할 수 없을 때, 그 조직은 쇠퇴의 길에 접어들게 된다. 자기만족과 변화에 대한 저항은 이미 성공한 기업에게도 위험요소이다. 하지만 무엇보다 ' 과도한 확장 '이 위대한 기업을 쇠퇴의 길로 이끄는 가장 큰 요인이다.

짐 콜린스의 '위대한 기업은 다 어디로 갔을까(How The Mighty Fall)', 기업 쇠퇴 5단계설 중에서.

즉 '일을 너무 크게 벌리는 것' 이 쇠퇴의 한 과정이라는 것이다. 그러나 역설적이게도 조직이 성공하기 위해서는 성장과 확대에 대한 열정이 필요하다. 이 열정이 자신이나 조직의 능력의 한계를 넘어서면 결국 금전적인 부문과 인재부문에서 파탄 등을 초래하기 때문에 결국 몰락의 요인이 되는 것이다. '안씨가훈顔氏家訓' 은 이에 대해 개인의 삶 또한 마찬가지라고 지적했다.

말을 많이 하지 말라. 말이 많으면 낭패한다. 일을 많이 벌이지 말라. 일이 많으면 우환이 많다.

말수는 적은 편이 좋다. 말이 많으면 그만큼 실패도 많아진다. 일도 적은 편이 좋다. 일이 많으면 문제만 늘어나 고민하게 된다.

'안씨가훈(顔氏家訓)' 성사(省事)편 중에서.

그렇다면 '일을 너무 크게 벌림' 으로 인한 실패는 어떻게 피할 수 있을까? 과도한 확대가 문제라면, 사태가 악화되기 전에 막는 수밖에 없다. 다음 명언은 이것을 정확하게 지적했다.

만족할 줄 알면 욕된 일을 당하지 않고, 그칠 줄 알면 위태롭지 않다.

절제하면 욕 볼 일이 없고, 자제하면 위험한 일도 없다.

'노자(老子)' 44장 중에서.

족함을 아는 만족만이 영원한 만족이다.

족함을 아는 것은 있는 그대로의 현실에 항상 만족하는 것이다.

'노자(老子)' 46장 중에서.

전자는 특히 '지족止足의 계戒'로 알려져 있다. 주목할 부분은 '욕망을 품지 말라' '처음부터 나아가지 말라'가 아니다. '만족을 알라' '멈추라'라는 구절이다. 사람의 욕망은 성공의 원동력이 되기도 하지만, 이와 동시에 몰락의 발단이 될 수도 있는 위험한 존재이다. 그렇다면 이를 제거하는 것이 아니라 알맞게 균형을 잡는 방법을 깨달아야 한다.

03

자만과 오만은 전형적인 몰락의 패턴이다

한 시대의 강자가 몰락하는 전형적인 유형 가운데 하나가 바로 '자만'과 '오만'이다.

특히 성공이 이어져 긴장감이 사라지면 아무리 뛰어난 구조라도 느슨해지기 마련이다. '맹자孟子'에는 다음과 같은 말이 있다.

적국 혹은 대외적인 위협이 없는 국가는 예외 없이 멸망한다.

적국이나 외부 위협이 없는 국가는 반드시 무너진다.

'맹자(孟子)' 고자(告子)편 중에서.

자칫 평탄한 상태가 지속되면 긴장감이 사라지기 때문에 결국 나라와 조직은 파멸의 길로 접어든다. 그렇기 때문에 중국고전에 자만이나 오만을 경계하는 명언이 끊이지 않는 것이다.

교만하고서 망하지 않은 사람은 아직까지 없다.

역사상 교만한 사람 중 망하지 않은 이가 없다.

'춘추좌씨전(春秋左氏傳)' 정공(定公)13년 중에서.

끝마침에 대해 신중하기를 시작함과 같이하라.

처음과 같이 한결 같은 마음으로 긴장감을 끝까지 유지하라.

'서경(書經)' 중훼지고(仲虺之誥)편 중에서.

특히 긴장이 풀리면 두 가지 문제가 일어나기 쉽다. 첫 번째 문제는 성가신 일이나 사소한 일에 대해 '이정도면 되겠지' 라고 방심하는 것이다.

병은 소홀히 하는데서 생기고, 화는 세심하지 않는데서 일어난다.

불행한 일이 일어나는 원인은 해야 할 일을 게을리 하거나 사소한 일이라고 여겨 방심하기 때문이다.

'설원(說苑)' 경신(敬愼)편 중에서.

두 번째 문제는 권한을 가진 사람이 자신의 욕망을 채우기 시작하는 일이다. 거품경제임에도 불구하고 엄청난 접대비를 들여 펼치는 연회가 그 전형적인 예이다. 그리고 북송北宋의 사상가 정명도程明道는 이런 자만의 끝에 공사를 구별하지 못하는 것이야말로 조직을 망치는 원흉이라고 말했다.

어떤 마음으로는 나라를 망하게 할 수 있고 또 어떤 마음으로는 나라를 흥하게 할 수 있는데, 이는 공과 사 사이의 마음 씀의 차이에 있을 따름이다.

통치자의 마음가짐에 따라 나라를 망하게 할 수도 있고 반대로 나라를 흥하게 할 수도 있다. 이는 그의 마음이 공에 있는지 혹은 사에 있는지에 달렸다.

'근사록(近思錄)' 치체(治體)편 중에서.

윗사람이 사리사욕을 채우는데 급급하면 아랫사람도 같이 물들어 조직전체를 생각하지 않게 된다. 결국 그 조직은 무너지고 마는 것이다. 이렇게 한번 그릇되기 시작한 조직의 모습을 '춘추좌씨전春秋左氏傳'은 다음과 같이 묘사했다.

나라가 장차 흥하려 할 적엔 국민한테 듣고, 망하려 할 적엔 귀신한테 듣는다.

나라가 흥하려 할 때는 국민의 목소리에 귀를 기울이지만, 나라가 망하려 할 때는 신을 의지한다.

'춘추좌씨전(春秋左氏傳)' 정공(定公)32년 중에서.

나라가 망하려 하면 반드시 법이 많다.

나라가 쇠망하려 할 때는 법에 의한 구속만 늘어난다.

'춘추좌씨전(春秋左氏傳)' 소공(昭公)6년 중에서.

오늘날의 기업에서도 임원과 노동자사이에 불화가 생겼을 때 경영자가 신을 의지하거나 조직을 억지로 통솔하기 위해 엄격한 법률 및 제도에 의지하는 일이 빈번히 일어난다. 결국 쇠퇴하는 것들은 모두 비슷한 형태를 취한다.

04

간언을 받아들일 수 있는지가 관건이다.

물론 자만과 오만이 문제라면 그렇게 되지 않도록 조심하면 될 일이다. 하지만 말처럼 쉽게 해결할 수 있는 문제가 아니다. '권력은 부패한다. 절대 권력은 반드시 부패한다' 라는 명언이 있다. 모든 것이 순조롭게 흘러가고 있는 상황에서 위기의식이나 논리를 계속 유지하는 것은 어려운 일이다.

하물며 부와 권력을 손에 넣으면 내면에 잠자고 있던 욕망이 자극을 받아 인격까지 변해버리기 마련이다. 다음의 명언과 같이 '어설프게 맛을 알면 손에 넣으려고 하는 것' 이 문제의 발단이 되기도 한다.

선량한 사람도 보석을 지니게 되면 욕심이 생겨 죄를 짓게 된다.

평범한 사람에게 죄는 없다. 뜻밖의 부를 손에 넣었기 때문에 이상해지는 것이다.

'춘추좌씨전(春秋左氏傳)' 환공(桓公)10년 중에서.

그렇다면 이런 경우 우리는 어떻게 대처해야 하는가. 바로 간언을 활용하는 것이다. 즉 귀에 거슬리는 말이라도 바른 말을 하는 사람을 가까이 두어 자신의 태만이나 부정을 바로 잡는 것이다.

성악설로 유명한 '순자荀子'와 전한前漢 시대의 사상가인 한영韓嬰이 쓴 '한시외전漢詩外傳'에는 다음과 같은 명언이 담겨있다.

제후가 스스로 스승을 얻은 자는 왕자王者가 되고, 벗을 얻은 자는 패주覇主가 된다.

왕이 자신을 가르쳐 인도하는 스승을 얻으면 천하의 군주가 되고, 자신을 깨우치게 하는 벗을 얻으면 제후들의 우두머리가 된다.

'순자(荀子)' 요문(堯問)편 중에서.

다투어 곧은 말을 하는 사람이 많아야 그 나라가 번창하고 무궁할 것이요, 아첨하기를 좋아하고 묵묵히 자기 사욕만을 탐하는 신하가 많으면 그 나라는 망하지 않을 수 없다.

매사에 바른 말을 하는 신하가 있는 나라는 번영하고, 중요한 때에는 침묵하며 아첨하는 신하만 있는 나라는 멸망한다.

'한시외전(韓詩外傳)' 권십(卷十) 중에서.

위의 두 명언에서는 간언의 주체로서 스승과 벗 그리고 신하를 들고 있는데, 여기에는 중요한 의미가 있다. 먼저 스승은 자신보다 높은 위치에서 그리고 벗은 같은 위치에서 마지막으로 신하는 자신보다 낮은 위치에서 간언과 충고를 해주는 사람들이다.

즉 사람은 위와 옆, 그리고 아래의 세 방향에서 간언을 받아야 자신의 부족한 부분과 균형의 흐트러짐을 깨달을 수 있다는 것이다. 게다가 이런 간언은 매우 강력해야 효과가 있다는 지적도 있다.

만약 약을 먹고 명현이 없다면, 깊은 병은 낫지 않는다.

약은 어지러울 정도로 강해야만 질병을 치료할 수 있다.

'서경(書經)' 설명(說命)상편 중에서.

현기증이 일어날 정도로 강력한 충고를 받았을 때 순순히 반성할 수 있는 도량이 있어야, 사람은 비로소 자신의 태만을 깨달을 수 있다.

단, 이런 간언에는 한 가지의 한계가 있다. 돌이킬 수 없는 단계에 접어들고 나면 이미 늦는다는 점이다. 본디 성공과 실패에는 그곳까지 이르는 과정이 반드시 존재하기 마련이다.

무릇 공적을 이룸에는 그것을 이룬 날에 이루어진 것이 아니라 반드시 이룩하게 된 연유가 있을 것이다. 화가 일어나는 것 또한, 화가 일어난 날에 일어난 것이 아니라 반드시 그것이 시작된 조짐이 있을 것이다.

모든 일이 성공하는 것은 성공한 그 날에 결정된 것이 아니라 반드시 그 이유가 있다. 모든 일이 실패하는 것은 실패한 그 날에 결정된 것이 아니라 반드시 그 조짐이 있다.

소순(蘇洵)의 '문장궤범(文章軌範)', '관중론(管仲論)' 중에서.

따라서 간언은 돌이킬 수 없는 상황이 오기 전에 받아들여야만 효과를 볼 수 있다.

간언하는 신하는 군주의 과오가 가벼운 때에 그 사실을 간하고, 과오가 더욱 깊어지면 다시 간언하지 않는다.

분쟁을 무릅쓰고 군주에게 간언하는 신하는 군주의 잘못이 아직 가벼울 때 간언한다. 잘못이 커졌을 때부터는 더 이상 간언하려하지 않는다.

'정관정요(貞觀政要)' 구간(求諫)편 중에서.

천하 사람들이 근심하기에 앞서서 근심하고, 천하 사람들이 즐긴 후에 즐긴다.

천하의 근심을 앞세운 뒤에야 제 걱정을 하고 천하의 즐거움을 세운 뒤에야 자기의 즐거움을 누린다.

범중엄(范仲淹)의 '송명신언행록(宋名臣言行錄)' 중에서.

후자는 북송시대의 정치가인 범중엄范仲淹의 명언으로, 사자성어 '선우후락先憂後樂'의 출전이다. 결국 사람과 조직을 영속적으로 번영시키고자 한다면 하루라도 빨리, 즉 흥망성쇠가 시작되기 전에 자신의 자만과 오만을 막아줄 구조를 만들어야 한다는 것이다.

05

무엇이든 적당히 하는 것이 중요하다

'구조적'이라 하면 '구조적인 것'이지만, 다음과 같이 독특한 유형의 모순도 있다. 우리 일상생활에서 흔히 찾아볼 수 있는 익숙한 광경일 것이다.

술이 극도에 이르면 어지럽고 즐거움이 극도에 이르면 슬퍼진다.

술이 과도하면 추태를 보이고, 즐거움도 과도하면 슬픔이 된다.

'사기(史記)' 골계열전(滑稽列傳) 중에서.

술을 마시는 사람이라면 누구나 '마지막 그 한 잔만 안 마셨더라면……' 이라는 뼈아픈 경험이 한두 번쯤 있을 것이다. 이렇게 과음과 같이 지나친 것이 우리를 가장 나쁜 상황으로 몰아넣는다.

사회로 눈을 돌려봐도 언론의 주인공으로 떠받들어졌던 인물이 눈 깜짝할 새로운 스캔들로 인해 추락당하는 일이 반복되고 있다. 이때 그들의 마음속에는 다음과 같은 말이 사무칠 것이다.

하늘 끝까지 올라간 용이 내려갈 길밖에 없음을 후회한다.

정점까지 올라간 용에게는 후회가 있다. 그 앞에는 내려갈 길밖에 없기 때문이다.

'역경(易經)' 건괘(乾卦) 중에서.

이런 경우에 '중용' 을 지킨다면 결코 추락하는 일 없이 자신의 상태를 그대로 유지할 수 있다. 그러나 한계점을 넘어 계속 상승한다면, 갑자기 강한 하강압력을 받아 성쇠의 파도에 휩쓸리는 구조로 바뀌게 될 것이다.

따라서 무엇이든 급격하고 과도하게 오르지 말고 적당히

멈추는 것만이 추락을 피할 수 있다. 이런 경우에 이와 같은 처세술이 필요한 것이다. 인간관계로 말하면 다음과 같은 명언이 상징적이다.

싸워서 이기려고 하지 말며 자기 몫을 많이 가지려고 하지 말라.

이기려는 생각만 하지 말고, 다른 이보다 더 많은 몫을 챙기려고 하지도 말라.

'예기(禮記)' 곡례(曲禮)상편 중에서.

군자는 남이 나에게 호의를 남김없이 다하기를 바라지 않는다.

군자는 벗과 우애할 때 지나친 환대를 받으려하지 않는다.

'예기(禮記)' 곡례(曲禮)상편 중에서.

일평생 남에게 길을 비켜서 양보하여도 백보를 굽히지는 않을 것이다.

한 평생을 다른 사람에게 길을 양보하더라도 백보에

미치지 않는다.

'소학(小學)' 외편가언(外篇嘉言) 중에서.

'지나치게 일방적으로 이기지 않고' '상대방에게 과도하게 요구하지 않는' 중용을 실천함으로써 적을 만들지 않고 좋은 인간관계를 유지할 수 있는 것이다. 이는 다음과 같이 풍류를 즐기는 자세에도 투영된다.

꽃은 반쯤 핀 것을 보고 술은 적당하게 취하도록 마신다.

'채근담(菜根譚)' 후집(後集)중에서.

중국고전에는 이런 사상을 정치 및 처세 전략에 이용하는 명언이 있다.

오므리려면 일단 펴야하고, 약하게 하려면 일단 강해야 한다.

작아지려면 우선 커져야 하고, 약해지려면 우선 강해져야 한다.

'노자(老子)' 36장 중에서.

경생사를 물리치고 싶다면 그들을 한껏 부추겨 세우거나 감언이설을 늘어놓아 급격한 상승궤도에 올려주기만 하면 된다. 그럼 그만큼 빠르게 추락할 것이다. 물론 자기 자신은 현재의 상태를 지킬 수 있도록 '중용'을 실천해야 한다. 노장사상을 좋아하는 사람에게 '노자老子'에 대해 이야기하면, 하얀 턱수염을 기른 노인이 대자연의 품에 안겨있는 그림을 떠올릴 것이다. 그러나 이는 어디까지나 한쪽 면에 지나칠 뿐이다. 왜냐하면 반대쪽 면에는 이와 같이 노련하고 간교한 정치사상을 가진 또 다른 노인이 숨어있기 때문이다.

06

'순환'에 어떻게 순응하고 이용할 것인가

이번에는 '순환'에 대해 생각해보자. 순환은 낮과 밤이나 계절이 바뀌는 것처럼 자신의 노력과는 전혀 상관없이 오르내림을 반복하는 현상이다. 현대사회로 말하면 경제상황이나 주가의 변동 등을 예로 들 수 있다.

이런 '순환적' 유형은 인간의 의지로 제어할 수 없는 것이다. 따라서 순환에 어떻게 순응하고 이용할 것인지가 중요하다.

또한 이 유형에서는 '하락세'나 '최저점'이 언젠가는 꼭 찾아오기 때문에 '역경'에 대처하는 자세도 중요하다. '논어論語'의 가르침 가운데는 이에 해당하는 명언이 있다. 먼저 다음과 같은 구절이 있다.

추운 겨울이 되면 소나무와 잣나무가 다른 나무보다 뒤에 시들게 되는 것을 알게 된다.

겨울 추위가 심해지고 나서야 비로소 소나무와 잣나무가 항상 시들지 않고 추위에 견딘다는 사실을 알 수 있다.

'논어(論語)' 자한(子罕)편 중에서.

모든 일이 순조롭게 돌아갈 때는 실력 없는 사람이라도 겉으로 빛나 보인다. 그러나 가을에서 추운 겨울로 계절이 바뀌는 것처럼 역경이 찾아왔을 때, 그때야말로 그 사람의 진가를 알아볼 수 있다. 중국의 역사서인 '후한서後漢書'는 다음과 같이 말했다.

세찬 바람이 불어야 비로소 강한 풀을 알 수 있다.

'후한서(後漢書)' 왕패전(王覇傳) 중에서.

진정한 인재는 추위나 강풍에도 끄떡없이 건재하나 그렇지 않은 인물은 견디지 못하고 쓰러진다. 간단히 말하면 '역경이야말로 사람의 진가를 나타낼 수 있는 기회이니 노력하자' 는 것이다. 한편 '논어論語' 에는 다음과 같은 지적도 있다.

영무자甯武子는 나라에 도가 있으면 지혜롭게 행동하고 나라에 도가 없으면 어리석게 행동했으니, 그의 지혜는 따를 수는 있지만 그의 어리석음은 내가 따를 수가 없다.

영무자甯武子는 나라가 평안한 시대에는 앞장서서 능력을 발휘했지만, 나라가 어지러운 시대에는 재능을 숨겨 어리석은 듯 행동했다. 그의 능력은 따라할 수 있지만, 어리석은 행동은 쉽게 따라할 수 없다.

'논어(論語)' 공야장(公冶長)편 중에서.

상황이 좋으면 앞장서고 나쁘면 뒤로 물러난다. 이런 자세로써 영무자라는 인물은 난세에도 살아남을 수 있었다. 중국의 공자는 이에 대해 매우 훌륭한 처세술이라고 칭송했다.

전자는 '역경일 때야말로 빛나야한다' 라고 말하고, 후자는 '나라가 어지러울 때 물러나 있는 것이 지혜롭다' 고 말한다. 이 둘은 분명 모순된 이야기이다. 우리가 이 차이점을 통해 알 수 있는 것은 '어지럽고 위기적인 상황에는 정답이 없다' 라는 사실이다.

지난 2011년 3월에 발생한 후쿠시마 제1원전 사고는 이에 해당하는 구체적인 실례로 볼 수 있다. 외국계 기업 사원을 중심으로 도쿄에서 대피하는 사람이 있는 한편, 대피 하지 않고 계속해서 도쿄에서 열심히 살아가겠다는 사람도 있었다.

그렇다면 과연 어느 쪽이 옳은 선택이었을까? 이는 결과만을 보고서도 판단할 수 있다. 한 가지 확실한 것은 죽음을 위협하는 물질이 닥쳐오는데 대피하지 않는 것도 어리석고, 반대로 안전이 확인 됐는데도 계속 도망 다니는 것도 어리석다는 점이다.

즉 위기의 상황에서는 융통성을 발휘해야만 살아남을 수 있다. 중국인들은 이렇게 정립된 가치관을 오늘날에 이르기까지 소중히 여겨왔다. 다음의 명언에 이런 그들의 가치관이 단적으로 드러나 있다.

군자는 표범으로 변하나 소인은 그 낯만 고친다.

군자는 늘 자신을 변화시키려하나 소인은 겉모습만 바꾼다.

'역경(易經)' 택화혁(澤火革) 중에서.

사정이 좋음을 보고 진격하고, 어렵다는 것을 알고는 물러난다.

상황이 좋으면 나아가고, 나쁘면 무리하지 않고 일단 물러난다.

'오자(吳子)' 요적(料敵)편 중에서.

07

순환하는 모든 것에는 반드시 최저점이 있다

그러나 이렇게 상승하고 하강하는 기복에는 한 가지 큰 함정이 있다. 바로 인간의 정신에 미치는 피해이다. 매우 높은 곳까지 올라갔던 사람이 급격히 추락해서 바닥까지 떨어지면, 의지를 완전히 상실해버리고 만다. 그리고 이런 경우는 빈번히 발생한다. 당나라의 시인인 두목杜牧은 이런 상황에 처한 한 영웅을 두고 애석함을 표현했다.

승패는 병가도 장담할 수 없는데, 부끄러움을 삭이면서 참는 자가 남아로다. 강동의 자제는 재주가 많은 준걸인데,

흙먼지를 일으키며 다시 올 것을 알지 못하였도다.

싸움의 승패는 병법의 전문가도 예측할 할 수 없다. 패전의 부끄러움을 이겨낼 수 있어야만 진정한 대장부가 아닌가. 강동에는 훌륭한 젊은 인재도 많았는데 이들과 재기를 도모했다면 또다시 세력을 만회했을지도 모를 일이다.

'제오강정(題烏江亭)' 두목(杜牧) 중에서.

사자성어 '권토중래 捲土重來'의 출전이다. 이 시의 배경은 초한지 楚漢志 로 유명한 비극적인 영웅, 항우의 이야기이다.

병마용 兵馬俑 으로 잘 알려진 진나라 왕조가 붕괴한 후 항우는 한 때 천하의 패권을 손에 넣었었다. 하지만 경쟁자인 유방에게 밀려 장강의 나루터까지 달아났다. 그곳에서 도수 渡守 가 배 한 척을 가리키며,

'이 배를 타고 맞은편 강동으로 건너가면 배가 없는 유방군은 강을 건너지 못할 것입니다. 그곳에서 재기를 노리십시오.'

라고 말했다. 그러나 항우는 이를 거부했다.

'나는 하늘로부터 버림 받았다. 이제 와서 어쩔 수 없는 일이다.'

그리고는 그곳에서 장렬하게 전사했다.

시인 두목은 이때 항우가 다시 한 번 일어서겠다는 기개를 잃지 않았다면 어떻게 되었을지 모르는 일이라며 안타까워했다.

만약 항우가 다음과 같은 명언을 좌우명으로 삼았다면 장강의 나루터에서 마음을 달리 가졌을 수도 있을 것이다.

불행이 지나면 행운이 찾아오며, 음이 다하면 양이 돌아온다.

봄이 다시 찾아오는 것은 하늘의 자연스런 순환이다.

'역경(易經)' 복괘(復卦)중에서.

궁하면 변해야하고 변하면 통하며 통하면 오래 간다.

막다른 길에 다다르면 변화가 일어나고, 그 변화로 인해 새로운 길이 열린다.

'역경(易經)' 계사(繫辭)하전 중에서.

흥미롭게도 후자는 현대사회의 경기 상승과 하강에 따른

산업구조의 변화를 제대로 알아맞혔다.

1970년 중반 미국은 바닥까지 내려간 불경기에 허덕이고 있었다. 그런데 신기하게도 마이크로소프트와 애플, 즉 오늘날 미국의 경제를 이끄는 이 두 기업은 바로 이때 태어났다. 그야말로 경기 최저점에서 산업구조의 변혁이 일어나 차세대 번영의 원동력이 탄생한 것이다.

모든 순환하는 것에는 반드시 최저점이 있다. 그리고 이 신념이 밑바닥에서도 꺾이지 않는 기개를 길러줄 것이다.

08

사람은 일진일퇴를 반복함으로써 세상의 실상을 알아간다

한편 사람은 대자연이나 사회의 흐름 속에서 한 번 뿐인 인생의 덧없음과 세상의 실상을 종종 실감한다. 당나라 시인인 유정지劉廷芝는 다음과 같은 구절을 남겼다.

해마다 꽃은 비슷한데, 해마다 사람은 같지 않다.

꽃은 해마다 똑같이 피어도, 이를 바라보는 사람은 해마다 변한다.

유정지(劉廷芝)의 '당시선(唐詩選)', '대비백두옹(代悲白頭翁)' 중에서.

꽃이 피면 비바람 많듯, 인생에는 이별도 많구나.

꽃이 피면 비바람에 부딪치고, 인생은 이별로 가득하다.

우무릉(于武陵)의 '당시선(唐詩選)', '권주(勸酒)' 중에서.

이렇게 한 번 뿐인 인생이 자신의 실력을 발휘할 수 있는 사회상황과 맞아 떨어지면 좋겠지만, 안타깝게도 이것은 확신할 수 없는 일이다. 이에 대해 다음과 같이 탄식한 구절이 있다.

길운吉運을 만나고 못 만나는 것은 시의時宜에 달림이다.

좋은 운수를 만날지 아닐지는 모두 때에 달렸다.

'순자(荀子)' 유좌(宥坐)편 중에서.

자신다움은 하늘로부터 받은 것이고, 운명이란 하늘의 뜻에 달림이다. 재능이 있으나 세간으로부터 받아들여지지 않는 것은 하늘의 소행이다.

자신의 모든 것은 하늘로부터 내려졌고, 운명은 때에 달려있다. 능력이 있으면서도 세상의 인정을 받지 못하는 것은 하늘의 뜻이다.

'회남자(淮南子) 무칭훈(繆稱訓)중에서.

이것을 오늘날에 적용하면 대학을 졸업할 시기에 전무후무한 취직난에 부딪치거나, 회사의 방침전환으로 인해 갑자기 자신의 기술이 필요 없어진 상황을 예로 들 수 있다. 인간의 힘으로는 결코 대항할 수 없는 운명이다. 그러므로 우리는 다음과 같이 생각해야 한다.

빈천함을 근심하지 않고, 부귀에 급급하지 않는다.

가난하고 천하게 살아도 걱정하지 않고, 부귀를 얻는 데에 급급하지 않는다.

'열녀전(列女傳)' 권이현명(卷二賢明) 중에서.

이렇게 물질에 초연한 자세로 대처하는 것이 가장 바람직하지만 우리가 우둔한 인간인지라 좀처럼 쉽지 않다. 스스로는 어찌할 방도가 없는 풍랑에 부딪치며 상승과 하강을 반복함으로써 우리는 세상의 실상을 점점 깨달아간다.

한 번 가난하고 부유해질 때 사귐의 태도를 알며, 한 번 귀하고 천해질 때 사귐의 정이 나타난다.

사람의 생사, 빈부, 귀천에 따라 인간의 교제는 변한다.

'사기(史記)' 급정열전(汲鄭列傳) 중에서.

한나라 때, 적공翟公이라는 인물이 있었다. 어느 날 그는 정부의 요직에 등용되었는데 이후 그의 집을 방문하는 손님이 늘어났다. 한편 요직에서 물러나자 갑자기 사람들의 발길이 뚝 끊어졌다. 하지만 얼마 후 복직하게 되자 사람들은 다시 몰려들었다. 이를 깨달은 적공은 위의 격언을 자신의 집 문 앞에 걸어놓았다고 한다.

자신이 초래한 굴곡이든 불가역적으로 찾아오는 순환이든, 시대를 막론하고 사람들은 그 속에서 이리저리 밀려 일희일비를 반복하는 것이다.

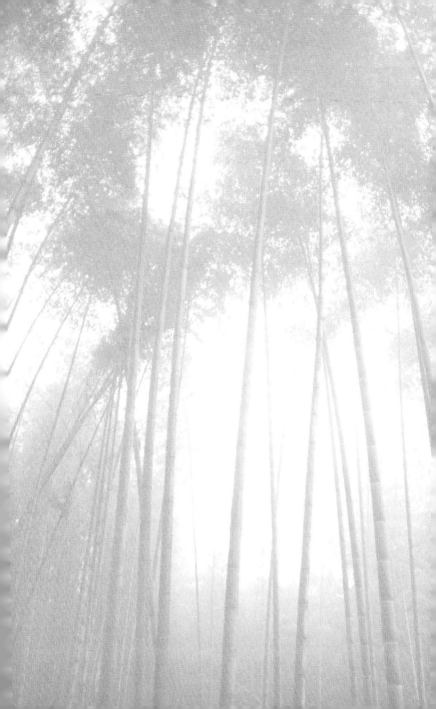

III

사람의 마음을 사로잡고 움직여 높은 성과를 내는 조직을 만드는 방법

덕치와 법치

•

'적재적소'는 덕치의 근간

•

눈물을 흘리며 마석의 목을 베다

•

제갈공명의 인물감정법

•

장점만을 잘 이용한다

•

어떤 인물을 적재적소에 배치해야 할까?

•

불신이 가득한 상황에서 어떻게 조직을 통솔할 것인가?

•

'당근과 채찍'은 법치의 원동력

•

오늘날에도 통용되는 '신상필벌'의 법칙

•

감언이나 아첨을 간파한다

01

덕치와 법치

중국고전은 양자절충 형태야말로 조직통치의 이상적인 모습이라고 말한다.

우리 한나라의 왕가에는 적합한 제도가 있는데, 바로 패도霸道와 왕도王道의 병용이다.

한나라 조정에는 우리나라 스스로의 법도가 있는데, 이는 패도와 왕도를 동시에 사용하는 것이다.

'한서(漢書)' 원제기(元帝紀)중에서.

나라를 다스리는 길은 관맹의 균형을 잡는 일이다.

나라를 잘 다스리는 길은 관대함과 엄격함 사이에서 중용을 취하는 것이다.

여몽정(呂蒙正)의 '송명신언행록(宋名臣言行錄)' 중에서.

전자는 한나라의 선제宣帝, 그리고 후자는 송나라의 태종太宗이 남긴 말이다. 두 사람 모두 뛰어난 명군이었다. 그리고 여기서 말하는 '왕도王道'와 '관寬'이란 기본적으로 사람을 믿고 상사와 부하직원의 '신뢰'로 조직을 운영하는 '덕치德治'를 의미한다.

한편 '패도覇道'와 '맹猛'은 사람을 믿지 못할 존재로 여기며 법과 권력에 의해 조직을 운영하는 '법치法治'를 뜻한다.

비즈니스를 예로 들어 '연봉은 높지만 금방 해고하는 외국계기업'과 '사원을 열심히 지키는 국내기업'의 차이와 명백히 통하는 관점이다.

이 두 가지의 관점을 중심으로 조직통치에 관한 명언을 이야기 하겠다.

02

'적재적소'는 덕치의 근간

덕으로써 정치하는 것을 비유하면, 북두성이 자기위치에 자리를 잡은 후에 모든 별들이 손을 모아잡고 옹위하는 것과 같다.

정치의 근본은 덕이다. 덕이란 예를 들어 북극성과 같은 것인데, 듬직하게 자리 잡고 있으면 다른 별들이 모두 그 주위를 가지런히 돈다.

'논어(論語)' 爲政(위정)편 중에서.

부하직원들은 '덕'과 '품성'을 갖춘 상사와 두터운 신뢰관계를 맺는다. 그렇기 때문에 더욱 예의를 갖춰 상사의 주변을 지킨다. 결국 별자리와 같은 질서정연한 조직이 만들어지는 것이다.

그럼 이런 '덕치' 조직을 운영하기 위해서는 어떤 시스템이 필요할까? 다음 격언은 이에 대한 명쾌한 해답을 제시했다.

장인은 자재를 버리지 않고 명군은 신하를 버리지 않는다.

좋은 목수는 어떤 목재라도 버리지 않고 사용한다. 뛰어난 군주 또한 어떤 신하라도 버리지 않고 등용한다.

'제범(帝範)' 심관(審官)편 중에서.

한 남자라도 옳게 되지 않는 이가 있으면 곧 '이것은 나의 허물이라' 했다.

한 사람이라도 제자리를 찾지 못하는 이가 있으면 이는 모두 나의 책임이다.

'서경(書經)' 열명(說命)하편 중에서.

간단히 말하면 '적재적소'에 인재를 등용하는 것이 '덕치'의 핵심이다. 리더가 부하직원의 장점을 발견해내고 각각 알맞은 자리에 배치한다면 모든 조직 구성원은 보람과 안정감을 느낄 것이다. 다소 이상적인 이야기이다. 하지만 이런 보람과 안정이 조직의 평화를 만들어내는 원동력이 된다.

또한 실제로 조직을 이끌어 나갈 때, 때때로 다른 구성원들을 이끌어줄 중심적인 구성원이 나타난다. 이런 뛰어난 인재를 발굴해서 그 사람의 마음을 사로잡아 중요한 자리에 배치할 수 있다면, 조직은 질서정연하게 운영될 것이다. '삼략三略' 이라는 병법서에는 다음과 같은 말이 있다.

> 무릇 주장主將의 법은 힘써 영웅의 마음을 잡는다.
>
> 장군은 중심역할을 하는 병사의 마음을 확실히 사로잡는다.
>
> '삼략(三略)' 상략(上略) 중에서.

장수인 호조 소운北条早雲은 위 구절을 읽자마자, '이제 충분하다' 라고 하며 더 이상의 내용은 읽으려 하지 않았다는 일화가 있다. 그만큼 이 명언은 그의 마음을 완전히 사로잡았다.

그러나 현실에는 '물론 훌륭한 인재를 원하지만 아무리 회사 안을 둘러봐도 좀처럼 뛰어난 인재가 없다' 라고 탄식하는 기업경영자들이 꽤 많다.

이에 대해 당나라의 정치가 겸 문인이었던 한유韓愈는 '아니, 그건 마음가짐이 잘못된 것이다' 라고 조언한다.

세상에 백락이 있은 연후에야 천리마가 있게 된다. 천리마는 항상 존재하지만 백락은 항상 존재하지 않는다.

말을 감별할 줄 아는 이가 있어야만 천리마가 나타난다. 단 천리마는 어느 시대에나 있지만, 말을 감별할 줄 아는 이는 좀처럼 없다.

한유(韓愈)의 잡설(雜說), '문장궤범(文章軌範)' 중에서.

원문의 '백락伯樂' 이란 좋은 말과 나쁜 말을 구별할 수 있는 명수를 말한다. 조직에 인재가 없는 것이 아니라 리더에게 보는 눈이 없다는 뜻이다.

실제로 위 격언이 말하는 것처럼, 고금을 막론하고 인재를 알아보는 눈을 지닌 사람은 그리 많지 않다. 하지만 이런 안목이 없으면 '적재적소' 에 인재를 등용하기 어려운 것 또한 사실이다.

그렇다면 이 난제를 어떻게 풀어나가야 할까?

03

눈물을 흘리며 마석의 목을 베다

원래 사람을 꿰뚫어보는 안목은 고금의 영웅 및 현자들조차 좀처럼 갖지 못해 고민하던 상당히 어려운 문제였다. 이런 의미에서 보면 '백락' 이 거의 없는 것도 어쩌면 당연하다는 생각이 든다.

예를 들어 성인으로 칭송받는 공자조차 제자를 외모 혹은 말투로 판단해 실수를 범했다는 기록이 있다. 또한 삼국지에 등장하는 지략가의 상징인 제갈공명도 다음과 같이 탄식했다.

인간의 본성을 이해하는 것보다 더 어려운 관찰은 없다.

선악은 본질적으로 구별되지만 감정과 외모가 반드시 일치하는 것이 아니다.

사람을 꿰뚫어보는 것 보다 어려운 일은 없다. 선한 사람이 반드시 선한 사람 같은 모습을 하고 있는 것은 아니며, 나쁜 사람이 반드시 나쁜 사람 같은 모습을 하고 있지는 않기 때문이다.

'제갈량집(諸葛亮集)' 장완(將宛) 중에서.

실제로 제갈량은 사람을 잘못 판단해서 큰 실패를 경험했었다.

숙적 위나라를 공략하기 위한 중심 부대의 총사령관을 임명할 때, 제갈량은 자신이 이전부터 맘에 들어 하던 참모 마석을 발탁했다. 그러나 마석의 독단적인 행동 때문에 전쟁에서 큰 패배를 맛봐야만 했다. 그리고 제갈량은 눈물을 흘리며 군법에 따라 마석의 목을 베어야 했다.

'눈물을 흘리며 마석의 목을 베다' 라는 유명한 이야기이다.

사실 제갈량은 군주 유비에게 '저 녀석은 말만 그럴듯하니 요직에 앉혀서는 안 된다' 라는 충고를 들었었다. 사람을 보는 안목 면에서는 분명 유비가 뛰어났던 것이다.

지략가인 공명은 사람을 보는 안목에 있어서는 왜 유비보다 뛰어나지 못했던 것일까?

아마도 두 사람이 자라 온 환경의 영향 탓이 클 것이다. 유비는 젊은 시절 너무나도 가난해서 짚신이나 멍석을 팔아 생계를 이어나가야 했다. 즉 혹독한 사회의 현실에 부딪치며 복잡한 인간관계 속에서 자랐기 때문에 사람을 관찰하는 안목이 자연스레 몸에 밴 것이다.

한편 제갈량은 전쟁을 피해 양양에서 청경우독晴耕雨讀 생활을 하고 있었다. 즉 비교적 여유로운 환경에서 자랐기 때문에 사람을 보는 냉철한 눈을 갖지 못했던 것이다. 본디 사람을 볼 때는 다음과 같은 점을 주의해야 한다.

말로 판단하여 사람을 천거하는 것은 털로 판단하여 명마라 부르는 것과 같다.

말만 듣고 사람을 등용하는 것은 털을 보고 명마인지 아닌지를 감정하는 것과 같다.

'염철론(鹽鐵論)' 이의(利義) 중에서.

이처럼 중국고전은 사람을 실제 현장에서 평가하지 않는 것은 어리석다고 여겼다. 그러나 이런 관점을 이론만으로는 습득하기는 어렵다. 따라서 그 위대한 제갈량조차 함정에 빠져버린 것이다.

04

제갈공명의 인물감정법

뼈아픈 실수를 저질렀지만 제갈량은 역시 뛰어난 사람이었다. 스스로의 실패 경험을 살려 다음과 같이 일곱 개의 '인물감정법'을 만들어냈다.

첫째, 어떤 일에 대하여 옳고 그름을 묻는다.

어떤 일에 대해 선악의 판단을 요구하고 상대방의 뜻이 어디에 있는지 관찰한다.

둘째, 궤변으로 그를 난처하게 한다.

말로 그를 몰아붙이고 상대방의 태도가 어떻게 변하는지를 관찰한다.

셋째, 계략에 관한 의견을 묻는다.

계략에 대한 의견을 묻고 그에 따라 어느 정도의 식견을 지녔는지 관찰한다.

넷째, 재난이 터짐을 알린다.

곤란한 사태에 대처하게 함으로써 상대방의 용기를 관찰한다.

다섯째, 술에 취하게 한다.

술에 취하게 만든 후 본성을 관찰한다.

여섯째, 이익에 임하게 한다.

이익으로 유혹해본 후 얼마나 청렴한지를 관찰한다.

일곱째, 어떤 일에 기일을 두고 약정하여 수행하도록 한다.

일을 지시한 후 명령한 대로 수행하는지에 따라 신뢰

도를 관찰한다.

'제갈량집(諸葛亮集)' 장완(將宛) 중에서.

'상대방을 다각적으로 관찰한다.' '실제로 시험해본다.' '상대방의 꾸며진 부분을 벗겨낸다.' 등의 원칙이 한 눈에 엿보인다. 또한 특히 다섯 번째 '술에 취하게 하여 그의 품성을 관찰한다.'는 원칙은 오늘날까지도 중국인들이 사람을 판단할 때 사용한다. 술자리에서 중국인의 환대를 받고 흥에 겨운 나머지 경솔한 행동을 했을 때, 그 바탕에는 냉철한 평가의 눈이 도사리고 있다는 것을 염두에 두자.

05

장점만을 잘 이용한다

제갈량이 전수한 노하우를 구사해서 부하직원의 내실을 꿰뚫어봤다면, 이제는 그 사람의 강점과 약점을 살려 '적재적소' 에 배치해야 한다. 이때 가장 중요한 점만을 말하면 다음과 같다.

상대방의 장점은 높이 평가해 주고 그 단점은 눈감아 준다.

인재의 장점만을 보고 단점은 잊는다.

삼국지(三國志) 손권전(孫權傳) 중에서.

한 가지 결점이 있다고 하여 장점까지 무시해서는 안 된다. 작은 과실을 범하였다고 하여 공적까지 무시해서는 안 된다.

단점이 하나 있다고 해서 장점까지 무시하면 안 된다. 작은 실수를 했다고 해서 공적까지 무시하면 안 된다.

'제범(帝範)' 심관(審官)편 중에서.

사람을 평가할 때는 어쩔 수 없이 상대방의 단점이 마음에 걸리지만, 이를 꾹 누르고 그 사람의 장점만을 지혜롭게 이용해야 한다.

이렇게 '적재적소' 인재 등용에 성공하면, 상사와 부하직원 사이에는 눈에 보이지 않는 강력한 끈이 생긴다. 사람은 스스로를 객관적으로 볼 수 없기 때문에 자신조차 알지 못하는 의외의 면이 있을 수 있다. 이에 대해 드러커는 다음과 같이 말했다.

'모든 인간은 자신의 강점이 무엇인지 잘 알고 있다고 생각한다. 하지만 대부분 착각에 불과하다. 알고 있는 것은 기껏해야 약점 정도이며, 이조차 아닌 경우가 많다.'

P.F.드러커의 '프로페셔널의 조건(The Essential Drucker)' 중에서.

또한 '노자老子' 는 다음과 같이 말했다.

남을 아는 것이 지혜라면 자신을 아는 것은 명철이다.

다른 사람을 아는 이는 그저 사리에 밝은 사람일 뿐이고, 자신을 아는 이야말로 명철한 사람이다.

'노자(老子)' 33장 중에서.

드러커가 말한 '모든 인간은 자신의 강점이 무엇인지 잘 알고 있다고 생각한다. 하지만 대부분 착각에 불과하다' 는 부분에 주목하자. 이렇듯 스스로는 깨닫지 못하는 진정한 강점을 상사가 객관적으로 꿰뚫어보면 다음과 같은 관계로 발전할 수 있다.

선비는 자기를 알아주는 사람을 위하여 목숨을 바치고, 여자는 자기를 기쁘게 해주는 사람을 위하여 얼굴을 꾸민다.

선비는 자신을 잘 아는 사람을 위해 목숨을 내던지고, 여자는 자신을 사랑해주는 사람을 위해 입술을 물들인다.

'전국책(戰國策)' 조책(趙策) 중에서.

즉, 부하직원이 상사에 대해 '나 자신조차 깨닫지 못했던 장점을 발견해주었다' '나를 잘 이해해준다' 라고 느끼게 되면, 그들 사이에는 목숨을 내놓을 정도로 강력한 끈이 생겨나는 것이다.

06

어떤 인물을 적재적소에 배치해야 할까?

'적재적소'에 인물을 등용했다고 해서 처음부터 높은 성과를 낸다는 법은 없다.

특히 새로운 프로젝트를 맡기는 경우에는 때때로 긴 시간 동안 성과가 오르지 않기도 한다.

성에 들어가기 어려움은 하늘에 오르는 것과 같다.

무슨 일이든 백지부터 시작하는 것은 하늘에 오르는 것보다 어렵다.

'유씨가훈(柳氏家訓)' 중에서.

이런 상황에서 적재적소에 배치했던 인재를 성급히 갈아치운다면 오히려 역효과만 생길 뿐이다. 따라서 리더는 한 번 사람을 신뢰해서 등용했으면 끝까지 인내심을 갖고 성과가 나올 때까지 기다릴 수 있는 아량을 갖추고 있어야 한다.

의심스러우면 쓰지 말고, 썼으면 의심하지 말라.

의심스러운 사람은 처음부터 등용하지 말고, 이미 등용한 사람은 의심하지 말라.

'통속편(通俗編)' 교제(交際) 중에서.

등용된 사람도 위와 같은 기대에 부응하기 위해 끊임없이 노력해서 자신을 한 층 더 성장시켜 나갈 것이다. 우리에게 매우 익숙한 다음의 명언은 이런 인재 성장이야말로 조직을 영속시키는 원동력이라고 말한다.

일 년의 계획은 곡식을 심는 것만 같은 것이 없고, 십 년의 계획은 나무를 심는 것만 같은 것이 없으며, 평생의 계획은 사람을 심는 것만 같은 것이 없다.

일 년 계획을 세우려한다면 곡식을 심는 것이 좋다. 십

년 계획을 세우려한다면 나무를 심는 것이 좋다. 평생 계획을 세우려한다면 인재를 키우는 것이 가장 좋다.

'관자(管子)' '권수편(權修篇)' 중에서.

한편 중요한 자리에 사람을 등용할 때는 한 가지 주의해야 할 점이 있다. 바로 다음과 같은 마음가짐이다.

사람을 천거함에 있어서는 언제든지 그 자리에서 물러날 용의가 있는 사람을 천거해야 한다.

인재를 등용할 때는 나중에 아름답게 물러날 수 있는 인물을 천거해야만 한다.

'장영(張詠)', '송명신언행록(宋名臣言行錄)' 중에서.

'아름답게 물러나는 것'은 '언제 그만두어도 좋다' 라고 생각하는 것이다. '그럼 열의가 부족한 사람을 등용하라는 말인가?' 라고 생각할 수도 있겠지만, 중요한 것은 전혀 다른 곳에 있다. 바로 다음과 같이 인간의 본성을 꿰뚫어보는 것이다.

군자는 등용하고 싶어도 진중하게 행동하여 쉬이 자리에 임하지 않으나, 대신 내려놓아야할 때는 깨끗이 물러난다.

소인은 그 반대이다.

인재를 등용할 때에 뛰어난 사람은 신중하기 때문에 금세 일을 맡지 않지만, 대신 그만둬야 할 때는 깨끗하게 물러난다. 그릇이 작은 사람은 정반대이다.

사마광(司馬光), '송명신언행록(宋名臣言行錄)' 중에서.

병법서 '삼략三略'은 이런 사람의 실패가 주변에 어떤 영향을 끼치는가에 대해 정확히 지적했다.

하나의 선이라도 무시한다면 많은 선행들이 사라질 것이며 하나의 악이라도 칭찬한다면 많은 악행들이 모여들 것이다.

선한 사람을 한 명 물러나게 하면 많은 선한 사람이 의욕을 잃고, 악한 사람 한 명에게 상을 주면 많은 악한 사람들이 몰려든다.

'삼략(三略)' 하략(上略) 중에서.

중요한 자리에 인재를 잘못 배치하면 조직 전체의 의욕에 찬물을 끼얹게 된다. 신중에 신중을 기하는 자세가 필요하다.

07

불신이 가득한 상황에서 어떻게 조직을 통솔할 것인가?

이번에는 다른 사람을 신뢰할 수 없는 상황에 관한 명언을 살펴보자. 법가사상을 집대성한 '한비자韓非子'에는 다음과 같은 통렬한 깨달음이 담겨있다.

임금의 근심은 남을 믿는 데 있다. 남을 믿으면 남에게 지배 당한다.

군주가 사람을 신뢰하면 그들로부터 마음대로 이용당하고 만다.

'한비자(韓非子)' 비내(備內)편 중에서.

사람을 신뢰하는 '덕치' 와 그야말로 정반대의 관점이다. 그렇다면 '불신' 이 만연하는 상태에서 도대체 어떻게 조직을 통솔해나갈 것인가? 바로 '법' 과 '규정' 의 철저한 시행을 통해서이다.

무릇 그런 자들은 엄중히 형벌로 다스려야 민중의 악이 제거된다. 이로써 국가를 다스리게 되는 것이다.

백성들은 엄중한 형벌을 몹시 싫어하지만, 형벌이야말로 나라 안정의 근원이다.

'한비자(韓非子)' 간겁시신(姦劫弑臣)편 중에서.

엄중한 벌로 사람들을 다스리고 조직을 통솔해야한다는 말이다.

한 가지 주의할 점은 '법치法治' 가 단순히 '다른 사람을 신뢰할 수 없다' 라는 이유만으로 만들어진 것이 아니라는 점이다. 법치가 만들어진 배경에는 '덕치德治'가 가진 약점에 대한 문제의식이 있었다. 춘추전국시대에 명재상으로 칭송받은 자산子産은 다음과 같이 말했다.

'정치에는 두 가지 방법이 있다. 첫 번째는 온화한 정치이고 두 번째는 냉엄한 정치이다. 온화한 정치로 백성을 따르게 하려면 웬만한 덕을 갖춘 자가 아니고서는 힘들다. 그래서 일반적으로는 냉엄한 정치를 하는 편이 낫다.

이 둘은 불과 물에 비유할 수 있다. 불의 성질은 격렬하고 보는 것만으로도 무시무시하다. 따라서 사람들은 두려움을 느끼고 가까이 가지 않는다. 그렇기 때문에 오히려 불로 인해 죽는 사람은 적다. 한편 물의 성질은 매우 온유하기 때문에 사람들은 물을 두려워하지 않는다. 그렇기 때문에 오히려 물로 인해 죽는 사람이 많은 것이다. 온화한 정치는 물과 같다. 언뜻 보기에는 쉬운 것 같지만 사실은 매우 어려운 것이다.'

자산子産의 문제의식을 알기 쉽게 말하면 우선 첫 번째로 덕치에는 매우 뛰어난 덕망가가 필요하지만 그런 인물은 거의 없다는 것이다. 그리고 두 번째로 아랫사람의 자주성에 맡기면 때때로 조직의 방종이 초래될 수 있다는 것이다.

사실 덕이 부족한 인물이 중요한 자리에 앉아 권력을 휘두르는 일은 오늘날에도 많이 일어난다. 또한 덕치경영에 가까운 기업에서는 본사의 결정이 해외지사의 반대로 좌절되는 본말전도의 상황도 벌어진다.

따라서 '법치' 는 더욱 엄정하게 법과 규정을 지켜야 하는 것이 요구된다. 하지만 조직에 관한 문제는 사실 그렇게 간단한 것이 아니다.

08

'당근과 채찍'은 법치의 원동력

예로부터 중국고전에서는 법이나 규정을 적용할 때 다음의 대원칙을 지켜야 한다고 지적했다.

법은 높은 이의 비위를 맞춰서는 안 되며 척도를 굽혀서도 안 된다.

법률은 상대방의 지위가 높다고 해서 굽혀서는 안 되며, 상대방이 비뚤어져 있다고 해서 법의 기준까지 비뚤게 맞춰서는 안 된다.

'한비자(韓非子)' 유도(有度)편 중에서.

공평한 적용이 법치를 관철시키는 핵심이라는 말이다.

물론 정반대의 현실이 존재했기 때문에 위와 같은 말이 나온 것이다. 원래 법과 규정이란, 시행만 하면 모두가 저절로 지키는 간단한 일이 아니다. 예를 들어 음주 운전을 하더라도, 예전에는 '조금은 마셔도 괜찮다' 라는 인식이 만연했었다. 심지어 고속도로 진입로에서 운전자에게 아무렇지 않게 술을 권하는 음식점도 있었다. 그러던 것이 처벌이 강화된 이후 언론에서 대대적으로 음주 운전자를 비난하기 시작했고 그러자 갑자기 '법을 지키지 않으면 안 되겠다.' 라는 인식으로 변해 마침내 음주운전이 줄어들게 된 것이다.

또한 고금을 막론하고 권력자나 그 주변인물들이 '자신들은 예외' 라는 태도로 아무렇지 않게 법을 어기는 일은 많았었다.

법이란 법의 적용이 미치는 사람들이 '지키지 않으면 큰일 난다' 라고 생각하지 않으면 좀처럼 준수되지 않는 것이다.

법치의 경우에는 '권력' 이 사람들로 하여금 법을 지키게 만들었다. 병법서인 '손자孫子' 에는 마침 이 '권력'의 요건을 한마디로 표현한 말이 있다.

전쟁을 잘하는 자는 적을 유인하되 적에게 유인되지 않는다.

뛰어난 장수는 상대방을 자신의 뜻대로 움직이고, 자신은 상대방의 뜻에 넘어가지 않는다.

'손자(孫子)' 虛實(허실)편 중에서.

이 말은 전쟁에서 얼마나 '주도권'이 중요한지를 지적하고 있다. 하지만 '권력'의 정의에도 그대로 적용할 수 있다. 그렇다면 무엇을 지렛대로 삼아 상대방을 내 뜻대로 움직이게 할 수 있는가? '손자'는 다음의 두 가지 원동력에 대해 말했다.

적군으로 하여금 스스로 공격해 오도록 하려면 이익을 보여주어야 한다.

적군으로 하여금 공격을 일으키도록 하려면, 그것이 자신들에게 유리하다고 생각하게 만들어야 한다.

'손자(孫子)' 虛實(허실)편 중에서.

적군으로 하여금 오지 못하도록 하려면 피해가 있다는 것을 시사해야 한다.

적군으로 하여금 공격을 단념하게 하려면, 그것이 자

신들에게 불리하다고 생각하게 만들어야 한다.

'손자(孫子)' 虛實(허실)편 중에서.

한마디로 말해 '당근과 채찍'으로 상대방을 움직이게 하는 것이 '주도권' 및 '권력'의 원동력이라는 뜻이다. 이는 역사적으로 봐도 옳은 지적이며 좀 더 구체적으로 열거해보면 다음과 같다.

군사력 · 재판권…거스르면 목을 벤다 · 벌한다/따르면 목숨을 살려준다

재산…거스르면 돈을 주지 않는다/따르면 돈을 준다

인사권…거스르면 좌천한다 · 해임한다/따르면 출세한다

이 세 가지를 대표적인 권력의 원천으로 들 수 있다.

정계에서도 곧잘 '관료를 꼼짝 못하게 하려면 인사권과 돈의 흐름을 막아야 가능하다'라는 말을 하는데, 그 구도는 위와 다를 바 없다. 이런 요인들을 잘 구사해 '법과 규정을 지키지 않으면 어떻게 되는지 잘 알고 있지?'라고 위협하는 것이 법치 관철의 첫걸음인 것이다.

09

오늘날에도 통용되는 '신상필벌'의 법칙

또한 '법치'에서는 권력의 원천인 '당근과 채찍' 구조로 성과를 올리는 노하우로도 이용한다.

그 기본은 '신상필벌信賞必罰'로 널리 알려져 있다.

반드시 벌하여 위엄을 분명히 한다.

법을 어긴 사람은 반드시 벌해 위신을 확립한다.

상을 틀림없이 주어 능력을 다하게 한다.

공적을 세운 사람은 반드시 상을 주어 의욕을 돋운다.

'한비자(韓非子)' 내저설(內儲說)상편 중에서.

이 격언에서 '신상信賞'은 성과를 올리는 당근의 역할을, '필벌必罰'은 법을 지키게 하는 채찍의 역할을 한다. 그리고 병법서인 '위료자尉繚子'는 사기고양을 위해 이 '당근과 채찍'을 과장하거나 혹은 변형시켜 사용해야 한다고 말했다.

죽음을 당해야 할 상대는 높은 직위의 사람일수록 효과가 있으며 상을 내릴 때는 직위가 낮을수록 효과가 있다.

본보기로 사형을 집행할 때는 가능한 한 높은 위치의 사람이 좋다. 또한 본보기로 상을 내릴 때에는 가능한 한 낮은 위치의 사람이 좋다.

'위료자(尉繚子)' 무의(武議)편 중에서.

공평성도 중요하지만 그 이상으로 부하직원들의 마음에 미칠 영향력까지 생각해야한다는 말이다. 또한 이런 '상'과 '벌'은 어떻게 주느냐에 따라 방법의 차이가 있다.

은혜는 가볍게 시작하여 무겁게 나아가라. 먼저 무겁고

나중에 가벼우면 사람들은 은혜를 잊어버린다.

은혜를 베풀 때에는 처음에 약간만 베풀고, 점점 더 후하게 베푸는 것이 좋다. 처음에 넉넉하게 베풀고 나중에 줄어들면 상대방은 은혜를 잊어버리고 만다.

'채근담(菜根譚)' 전집 중에서.

인간의 익숙해짐이란 무서워서, 어떤 후한 대접도 장기간 이어지면 감사한 마음을 잊어버리곤 한다. 이런 인간의 본성을 확실히 계산해 두지 않으면 상도 제 효과를 발휘하지 못한다.

한편 '채근담'에서는 형벌에는 그 반대의 특성이 있다고 지적했다.

위엄은 엄격하게 시작하여 관대함으로 나아가라. 먼저 너그럽고 나중에 엄격하면 사람들은 혹독함을 원망한다.

위엄을 표할 때에는 엄격하게 시작해 점차 관대해지는 것이 좋다. 처음에 관대하고 나중에 엄격해지면 상대방은 가혹함을 원망할 것이다.

'채근담(菜根譚)' 전집 중에서.

이런 '당근과 채찍'에 의한 성과향상과 함께 오늘날의 성과평가제도, 즉 부하직원 스스로 목표를 세우게 한 다음 그 달성 여부로 평가를 하는 방법과 거의 같은 구조가 법가사상을 집대성한 '한비자韓非子'에 담겨있다.

함께 형벌과 명예를 주어 살핌으로써 법식을 징험徵驗하고 마음대로 하는 자를 죽이면, 나라에 도적이 없게 된다.

부하에게 받은 보고와 실제성과를 일치시키고 법령 및 규정에 맞춰 조사하며, 방종하는 자의 목을 베면 나라의 도적이 사라진다.

'한비자(韓非子)' 주도(主道)편 중에서.

이와 같은 방식을 '형명참동刑名參同'이라 한다. 오늘날의 성과평가제와 같은 방법이다. 그러나 '한비자'의 경우 한 가지 다른 점이 있다. 두 방법 모두 목표를 달성하지 못하면 당연히 마이너스 점수를 준다. 하지만 '한비자'는 성과가 목표를 넘어서도 여전히 마이너스 점수를 준다. 이는 사람을 신뢰할 수 없다는 대전제 아래 구성원들에 대한 압박을 최우선으로 하기 때문이다.

이런 점은 '불신'을 전제로 한 조직운영의 어두운 면이라고도 할 수 있다. 하지만 법치에 따른 통치는 조직에 한 가지 더 어처구니없는 악영향을 초래한다.

10

감언이나 아첨을 간파한다

'법'과 '권력'에 의한 통치나 '이익과 손해'를 이용해 성과를 올리는 방법은 언뜻 보면 빈틈없이 완벽한 구조같다. 그러나 안타깝게도 여기에는 큰 함정이 숨어 있다.

앞서 언급했듯 권력에는 원천이 존재한다. 그 원천이 다른 사람에게 이행되면 권력 자체도 함께 이행되는 것이다. 따라서 '권력투쟁', 즉 권력의 원천을 놓고 벌이는 싸움이 시작된다.

권력을 다른 사람에게 빌려주어서는 안 된다. 군주가 하나를 잃어도 신하는 그것을 백으로 만든다.

권력을 아랫사람에게 빌려주어서는 안 된다. 상사가 잃어버린 한 가지를 가지고 부하는 백배로 만들어 이용한다.

'한비자(韓非子)' 내저설(內儲說)하편 중에서.

물론 기존의 권력자가 자발적으로 부하직원이나 다른 사람에게 재력이나 인사권을 이양하는 일은 거의 없을 것이다. 그렇기 때문에 교묘하게 아첨해서 권력자가 마음을 놓게 만들고 '조금은 맡겨도 괜찮겠지' 라고 생각하게 만드는 것이다.

천하에 아첨을 좋아하지 않는 이는 없다. 그러므로 아첨의 기술은 끝이 없다.

세상에 아첨을 싫어하는 사람은 없다. 따라서 아첨의 기술도 끝이 없는 것이다.

'취고당검소(醉古堂劍掃)' 권일(卷一)중에서.

군주가 자신이 좋아하고 싫어하는 표정을 내비치지 않으면 신하는 바로 본심을 그대로 드러낼 것이며, 지혜를 버리고 재주를 부리지 않으면 신하는 바로 신중하게 자기 처신을 할 것이다.

> 군주는 자신이 바라는 것을 밖으로 드러내지 말아야 한다. 군주가 바라는 것을 밖으로 드러내면 신하 자신이 잘 보이려고 꾸밀 것이다. 또한 군주는 자기 의사를 표시하지 말아야 한다. 군주가 자기 의사를 표시하면 신하는 겉으로만 그에 맞추려할 것이다.
>
> '한비자(韓非子)' 주도(主道)편 중에서.

이렇게 권력자와 각별한 사이가 되면, 신하는 교묘하게 아부를 떨며 벌칙권한을 가져오려고 한다. 일반적으로 자기 아랫사람에게 상을 주거나 출세를 명하는 것은 즐겁고 그 반대는 싫은 법이다. 따라서 신하는 다음과 같이 말한다.

'벌을 내리는 것은 제가 대신 맡을 테니, 마음 편히 상을 내리는 일만 담당 하십시오'

이렇게 자신에게 권력이 오도록 만드는 것이다.

한편 이 정도는 그나마 귀여운 수준인지도 모르겠다. 더욱 교활한 사람은 간접적으로 권력자에게 영향을 끼쳐 실제로 권력을 쥔 것과 같은 효과를 손에 넣으려 음모를 꾸미기도 한다.

예를 들어 결재권을 지닌 사장의 접견 여부를 비서가 혼자 판단해서 결정하는 경우, 비서는 '권력에 대한 접근 권한'을 갖게 된다. 또한 사장이 인사를 결정할 때에 특정 인물을 통해서만 정보를 입수하면 그 정보원이 된 인물이 '인사평가는 내가 제공하는 정보에 달렸다'라며 다른 사람들에게 압력을 가할 수 있다. 이렇게 되면 매우 큰 권한을 행사하는 것이다.

이 같은 문제를 피하기 위해서는 다음의 원칙을 지켜야 한다.

현군이 현군다운 것은 널리 신하의 의견에 귀를 기울이기 때문이다. 또한 우군이 우군다운 것은 자신이 아끼는 신하의 말만 믿기 때문이다.

군주가 현명한 이유는 여러 의견을 고루 듣기 때문이며, 군주가 어리석은 이유는 한쪽만을 믿기 때문이다.

'정관정요(貞觀政要)' 군도(君道)편 중에서.

정보원은 반드시 두 사람 이상을 확보해서 진위를 파악하라는 말이다. 또한 다소 위험하지만 다음과 같은 방법도 있다.

그럴듯한 명령으로 속여서 일을 시켜 본다.

일부러 불확실한 명령을 내리고 예상하지 못할 일을 묻는다.

아는 것도 모르는 체 하고 아랫사람에게 물어본다.

알면서도 모르는 체하고 물어본다.

상반된 말과 일로 시험한다.

흰색을 검은색이라 하며 없는 일을 있는 일로 만들어 상대방을 시험해본다.

'한비자(韓非子)' 내저설(內儲說)상편 중에서.

오늘날 비즈니스 세계에도 '상대방을 알고 싶으면 동요시켜보아라' 라는 말이 있다. 그러나 위의 격언들은 이보다 더 노골적인 방법들이다. 또한 한비자에는 다음과 같은 지적도 있다.

위와 아래는 하루에 백번을 싸운다.

군주와 신하는 하루에 백 번이나 싸운다.

'한비자(韓非子)' 양권(揚權)편 중에서.

이처럼 권력투쟁이라는 판도라의 상자를 한 번 열게 되면, 조직은 순식간에 전쟁터로 변하고 말 것이다.

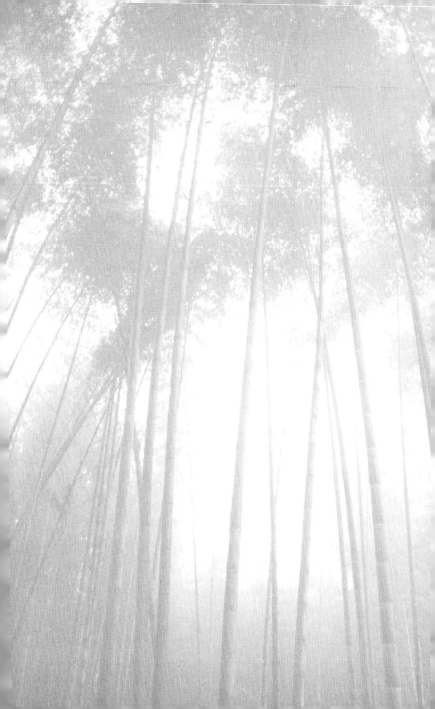

Ⅳ

상사, 부하에게 요구되는 덕행이란

중국고전에서 말하는 이상적인 지도자상

•

사람의 위에 서는 사람에게 요구되는 언행일치

•

언행일치는 의지의 문제

•

보다 넓은 시선을 가져야 한다

•

아랫사람과는 어떤 관계를 맺어야 하는가

•

아랫사람의 기분을 이해하라

•

조화(和)와 같음(同)의 차이

•

변화에 맞춰 유연하게 살아가기

01

중국고전에서 말하는 이상적인 지도자상

조직을 이끌어가려면 어떤 자질이 필요할까, 그리고 어떤 인재가 적당한 것일까.

이것은 '리더십 론' 이란 형태로 현대에도 여러 방면에서 사람들 입에 오르내리는 문제이다. 그러나 이에 대한 명확한 답을 찾는 것은 쉽지 않다.

실제로 현재 활약하고 있는 경영자나 책임자들을 봐도 모두 제각각의 특성을 갖고 있다. 다음은 이에 대해 극단적으로 표현한 것이다.

리더들이 가지고 있는 유일한 공통점은 자진해서 따르고자 하는 부하직원이나 제자가 있다는 것이다.

경영혁명대전(The Guru Guide: The Best Ideas of the Top Management Thinkers) 중에서

'너무 심하게 단순화 한 것 아닌가' 라는 생각이 들기도 하지만, 사실 그렇게 말하는 것이 당연하다는 생각이 들었다. 현실의 다양성으로부터 공통된 본질을 찾아내기란 결코 쉬운 일이 아니다.

그러나 중국고전에 의하면 이상적인 지도자상은 한가지의 명백한 경향을 보인다. 그렇다면 이런 경향이 어떻게 형성된 것일까? 그 이유를 찾아가다보면 '상사는 왜 상사이며, 지도자는 왜 지도자인가' 라는 고금을 불문하는 '정체성의 문제' 가 떠오르기 시작한다.

제4장에서는 이런 지도자나 상사에 관한 명언이나 부하직원과의 관계에 관한 말들을 살펴보겠다.

먼저, 중국에서 일반적으로 생각하는 이상적인 지도자상의 경향을 대변한 명언을 살펴보자.

심침후중心沈厚重 함은, 제1등의 자질이고,

뢰낙호웅磊落豪雄 함은, 제2등의 자질이며,

총명재변聰明才弁 함은, 제3등의 자질이다.

침착하고 묵묵하며, 안정되어 깊이가 있는 인물,

이것이 제1등의 자질이다.

적극적이고 작은 일에 신경 쓰지 않는 인물,

이것이 제2등의 자질이다.

머리가 좋고 말주변이 뛰어난 인물,

이것이 제3등의 자질이다.

'신음어(呻吟語)' 성명편(性命篇) 중에서.

'당신은, 무언가 결단을 내린 후에 후회하는 일이 있는가? 그건 당신이 다른 사람들과는 다른 재능과 지혜를 가지고 있기 때문이다. 하나를 듣고 둘을 알게 되는 총명함, 그렇기 때문에 다른 사람의 말을 들음과 동시에 물이 낮은 곳으로 흐르는 것처럼 바로 선악에 대한 판단이 가능한 것이다.

하지만 이런 지혜가 지나치게 머릿속을 돌아다니기 때문에 오히려 생각에 누락이 생기는 것이다. 그래서 당신의 의지와는 다른 방향으로 일이 진행되고, 후회하는 일도 생기는 것이다.

나에게는 둔한 재능밖에 없다. 그래서 사람들의 말을 들어도 금방 시비를 가리는 일은 할 수 없다. 나는 한 번 더 정신을 집중해서 여러 가지로 생각을 마친 후에야 힘들게 그 시비를 판단할 수 있다.

그러나 어떤 일이라도 충분히 사려하기 때문에 결정을 내렸을 때는 이미 마음속에서 모든 요소에 대한 생각을 끝낸 후이다. 그렇기 때문에 후회하는 일이 적은 것이다.'

이 내용을 중국의 이상적인 지도자상에 덧붙여서 설명하는 경우, '사려를 다하는' 것에는 다음과 같은 두 가지 특징이 나타난다. 이것은 상사나 지도자의 정체성에 관한 내용이다.

02

사람의 위에 서는 사람에게 요구되는 언행일치

상사나 지도자는, 부하직원이나 지도자가 되기를 원하는 예비 지도자들과 어떻게 다른 것일까. 중국고전은 그 차이가 '언행일치' 에 있다고 했다. 그렇기 때문에 사서오경 四書五經의 하나인 서경 書經에는 다음과 같은 말이 있다.

알게 되는 것은 어렵지 않으나, 실천하는 것이 어렵다.

머리로 이해하는 것은 어려운 것이 아니다. 실행하는 것이 어려운 것이다.

'서경(書經)' 열명중(說命中)편 중에서.

언뜻 보면 당연한 일을 지석하는 것 같다. 하지만 이것은 현대에 늘 따라다니는 어려운 문제와 직접적인 연관을 맺고 있다.

예를 들어 우리는 정치 뉴스나 버라이어티 프로그램을 보면서 '요새 정치는 정말 안 되겠어.' '정치가나 공무원들은 아무것도 모른다니까.' 와 같은 대화를 나누며 동료들과 시간을 보낸다. 좋아하는 구단이 경기에 지면, '그 감독 진짜 더럽게 못하네.' 라며 인색한 소리를 서슴없이 한다.

'그럼 잘난 네가 장관이나 감독해봐!' '발군의 성적을 남겨보라고!' 라는 말을 듣는다 하더라도 실제로 할 수 있을 리가 없다. 그냥 잘난 체하며 자신이 대단한 듯, 한 번 말해 본 것뿐이다. 이런 경우에는 그저 사과하고 넘어가면 된다.

물론 이런 상황이 좋은 것이라고 말하는 것은 아니다. 회사와 같은 조직에서도 부하직원이나 지도자를 꿈꾸는 사람들이 자신이 실제로 할 수 없는 일인데도 불구하고 상사에 대한 비판을 입 밖에 내도 용서받는 경향이 있다. 하지만 상사나 지도자들은 해당되지 않는다. 그들에게 면책권이란 없다. 높은 곳에서의 비평이나 호언장담에 대한 책임은 전부 자신에게 되돌아온다. 그렇기 때문에 '언행일치' 가 상사와 지도자에게 요구되는 것이다.

이런 관점으로 시작해 중국고전에는 ‘언행일치’를 요구하는 명언이 끊이지 않는다.

말은 행동을 되돌아보고, 행동은 말을 되돌아본다.

말은 자신의 행동을 되돌아본 후 하고, 행동은 자신이 한 말을 생각하며 하라.

‘중용(中庸)’ 13장 중에서.

군자는 그 말에 행동이 따르지 않는 것을 부끄러워한다.

군자는 말만 먼저하고, 행동을 함께하지 않는 일을 부끄러워한다.

‘논어(論語)’ 헌문(憲問)편 중에서.

군자는 말은 어눌하고, 행동은 민첩하기를 원한다.

군자는 달변가일 필요가 없다. 그것보다는 민첩한 행동을 중시해야한다.

‘논어(論語)’ 위정(爲政)편 중에서.

싸움에서 반드시 승리할 수 없다면 싸움이란 말을 입에 담아서는 안 된다.

이길 확신도 없으면서 가볍게 싸움을 언급해서는 안 된다.

'위료자(尉繚子)' 공권(攻權)편 중에서.

물론, 부하직원이나 지도자를 꿈꾸는 사람들이 '언행불일치 言行不一致' 인 상태로 있어도 된다는 말은 아니다. 끊임없는 자기계발을 통해서 언행불일치인 상태에서 탈피해야 한다. 그것이 바람직한 행동이다. 현대의 사상가 왕양명 王陽明은 이런 변화야말로 학문의 기본적인 마음가짐이라고 말했다.

배움이란 자신을 돌아보는 것이 가장 중요하다.

만약 가볍게 다른 사람을 비난한다면, 그것은 그저 그 사람의 잘못만을 보고 자신의 잘못은 보지 못함이다.

만약 스스로를 돌아보는 사람이라면 스스로에게 부족한 점이 많다는 것을 깨닫게 될 것이다.

따라서 다른 사람을 비난할 여유는 없을 것이다.

자신을 반성하는 일이야말로 학문을 함에 있어 가장

기본적인 마음가짐이어야만 한다. 장난으로 사람의 결점을 비난하면 사람의 결점만이 눈에 보이기 때문에 자신의 결점을 깨닫지 못한다. 반면, 자신을 반성하려하는 마음가짐이 있으면 자신에게 모자란 부분이 너무나 많다는 것을 깨닫게 될 것이다. 따라서 다른 사람의 결점을 비난할 여유가 없는 것이다.

'전습록(傳習錄)' 하권(下券) 중에서.

'이상은 높으나 실력이 그에 따르지 못한다' 라는 뜻의 안고수저眼高手低' 라는 사자성어가 있다. 이는 사람이란 본디 비판적인 눈이 발달하기 쉬운 법이기 때문에 자신의 '수저手低 (낮은 실력)' 를 자각하고 개선하려는 노력을 계속하지 않는다면 시간이 아무리 흘러도 말만 앞세우는 별 볼일 없는 사람으로 끝나게 된다는 것을 뜻한다.

03

언행일치는 의지의 문제

조직의 상하관계에 있어서 이 '언행일치' 라는 문제가 특별히 두드러지는 부분이 있다. 그것은 바로 부하직원을 교육할 때 나타난다.

기본적으로 부하직원이나 아이들은 자신들의 상사나 부모가 하는 행동을 따라하면서 성장하는 경향을 가지고 있다. 예를 들어 상사나 부모가 '약속을 지키지 않으면 안 된다' 라는 것을 가르치려한다. 하지만 정작 자신은 지각이나 하고 기한을 잘 지키지 못한다. 따라서 아랫사람들은 '뭐야, 말만 그렇게 하면 되는구나' 라는 생각을 갖게 된다.

내가 개최하는 공부모임에 오는 한 상장기업의 임원이 이에 관해 교훈이 많은 이야기를 해 주었다.

'새로운 직원이 회사에 들어와서 성장하느냐 하지 못하느냐를 결정하는 것은 입사할 때의 성적이 아니다. 중요한 것은 처음에 어떤 상사 밑에서 일을 배우느냐이다. 아무리 첫 평가가 좋았다고 하더라도 처음 만나는 상사에게 문제가 있다면 그 직원의 실력은 늘지 않을 것이다.'

그렇기 때문에 '논어 論語'는 다음과 같이 지적했다.

그 자신이 바르다면, 명령하지 않아도 이행한다.
그 자신이 바르지 않다면, 명령해도 따르지 않는다.

지도자의 처신이 바르면 명령이 없어도 스스로 따르지만, 지도자의 처신이 바르지 못하면 비록 명령을 내려도 따르지 않을 것이다.

'논어(論語)' 자로(子路)편 중에서.

군자의 덕 德은 바람과 같다. 따르는 사람의 덕은 풀과 같다.

풀에 바람이 닿으면, 풀은 반드시 바람을 따르게 된다.

지도자와 따르는 인간과의 관계는 바람과 풀과 같다. 바람이 불면 풀은 반드시 따르게 된다.

'논어(論語)' 안연(顔淵)편 중에서.

특히, '조직의 대표'라는 자리는 부하직원들의 이목이 집중되는 위치이다. '논어 論語'와 '한비자 韓非子'는 이를 다음과 같이 표현했다.

군자의 실수는 마치 일식이나 월식과 같다.
실수를 저지르면 모든 사람들이 알아보고,
이를 고치면 모든 사람이 우러러본다.

군자가 범하는 실수는 일식이나 월식과 같은 것이다. 실수를 저지르면 모든 사람이 그것에 주목한다. 그리고 그것을 개선하고 고치면 모든 사람이 우러러본다.

'논어(論語)' 자장(子張)편 중에서.

군주는 두 눈을 가지고 한 나라를 보며,
한 나라는 만개의 눈을 가지고 군주를 본다.

군주는 두 개의 눈을 가지고 나라를 보지만, 인민은 만 개의 눈을 가지고 군주를 주목한다.

'한비자(韓非子)' 외저설우상(外儲說右上)편 중에서.

전자는 공자의 제자, 자공子貢의 말이다. 상사나 지도자는 많은 시선에 노출되어있기 때문에 벌거숭이나 마찬가지이다. 따라서 그 내실이 간단히 드러나게 된다. 이에 대해 피터 드러커는 유머를 사용해 다음과 같이 말했다.

영국의 아이들은 '원숭이는 높은 곳에 오르면 오를수록 엉덩이를 보인다'며 놀려댄다. 경영자가 '무엇을 실천하는가, 또 무엇을 믿으며 어디에 가치를 두는가, 무엇에 대해 그리고 누구에게 보답하는가'는 조직전체로부터 주목을 받으며 자세하게 분석된다. 그리고 부하직원들을 가르치는 내용과 실제 기대되는 행동이 다른 만큼 말은 빨리 퍼져나가며 그만큼 심각하게 보이는 것도 없다.

미래기업(Managing for the Future:
The 1990s and Beyond), 피터 드러커

이 인용구의 마지막 부분에 쓰인 것처럼 결국 위에 서는 사람의 태도가 언행 '일치' 인가 '불일치' 인가가 아랫사람들이 주목하는 부분인 것이다.

물론, 말은 이렇게 해도 현실은 '언행일치' 를 실천하지 않는 상사와 지도자들로 넘쳐난다. 그런 의미에서 보면 언행일치란 단순히 이상理想적인 조건 가운데 하나 인듯 하다. 그렇다면 실천으로 옮기는 것이 그렇게나 어려운 것인가, 하고 생각해봐도 그렇게까지 어렵지는 않은 것 같다.

이 '언행일치' 의 문제에 있어 가장 중요한 것은 무엇보다도 하고자하는 의지이다. 즉, '실천으로 옮길 수 있는가, 그렇지 못하는가' 는 자신의 의지로 결정되는 것이다.

맹자孟子는 '의지' 에 대해 다음과 같이 말했다.

왕이 왕답지 못 한 것은, 행하려하지 않기 때문이다.

할 수 없는 것이 아니다.

당신이 진정한 왕이 될 수 없는 것은 그렇게 되려고 하지 않기 때문이다. 처음부터 할 수 없기 때문이 아니다.

'맹자(孟子)' 량혜왕(梁惠王)편 중에서.

이를 통해 '언행일치'의 가장 중요한 부분은 '실천하려는 의지를 관철' 시키는 것이라는 사실을 알 수 있다.

04

보다 넓은 시선을 가져야 한다

상사나 지도자가 가져야할 또 하나의 중요한 정체성이 있다. 바로 '얼마나 넓은 공간축空間軸 과 긴 시간축時間軸 으로써 일을 생각할 수 있는가' 이다. 한마디로 말하면 '보다 넓은 시야' 를 가질 수 있는가의 문제이다. '논어論語 '에는 이에 대한 유명한 명언이 있다.

사람이 멀리 내다보며 깊이 생각하지 않으면, 반드시 가까운 근심이 있게 된다.

먼 앞일까지 생각하지 않으면, 반드시 바로 발밑부터

무너져 내릴 것이다.

'논어(論語)' 위령(衛靈)편 중에서.

현대사회에서 원려 遠慮(먼 앞일을 잘 헤아려 생각함. 또는 그 생각)란 행동이나 발언을 신중히 하는 것을 의미한다. 하지만 공자가 살던 시대에는 '먼 앞의 일을 예측한다' 라는 의미로 사용되었다. '공간적으로 말하면 지도자가 될 사람은 보다 넓은 범위, 시간적으로 말하면 먼 미래까지 시야를 넓혀야 한다' 는 뜻이다. 이런 사고방식은 현대사회에서도 한 기업의 지도자들이 갖춰야 할 전제조건으로 여겨진다. '과장이 됐으니까 회사의 전체적인 움직임을 파악해 놓도록 해!' '임원자리까지 올라가고 싶다면 이 업계가 이제부터 어떤 동향으로 움직일지에 대한 식견을 갖추고 있어야 돼!' 와 같은 대화내용은 우리 주위에서 흔히 볼 수 있는 것들이다.

하지만 이 '넓은 시야' 의 필요성은 사실, 상사나 지도자들에게 어떤 각오를 하게 만드는 칼날과 같은 면도 가지고 있다.

지금도 많이 발생하는 일이지만 전체의 이익을 생각해서 일부가 희생해야 하는 경우도 있다.

하지만 대부분의 사람들에게 '보다 큰 전체를 생각하라'고 말하는 것이 그렇게 간단한 일만은 아닐 것이다. 이에 대해 '순자荀子'는 다음과 같이 지적했다.

무릇 사람들의 근심이란 한 가지 왜곡된 말에 가려져서 대리大理를 어둡게 하는 것이다.

사람들이 공통적으로 가지고 있는 문제는 일부에 눈이 가려져 전체의 도리가 알 수 없게 된다는 점이다.

'순자(荀子)' 해폐(解蔽)편 중에서.

이처럼 아랫사람들이 눈앞의 이익에 집착하면 집착할수록 보다 넓은 시야를 가진 상사나 지도자의 이해관계와는 대립할 수밖에 없다. 회사가 지속되기 위해서나 다수의 행복을 이루기 위해서는 '보다 앞선 미래'와 '보다 전체적인 동향'을 우선시해야 하는 것은 명백한 일이다. 따라서 상사나 지도자는 다음과 같은 자세를 갖춰야만 한다.

백성들은 일을 시작할 때에 함께 의논할 수는 없다. 그저 그 성공만을 즐기면 될 뿐이다.

백성은 함께 일을 의논할 상대가 아니다. 함께 성공을 즐기기만 하면 되는 상대이다.

'상군서(商君書)' 경법(更法)편 중에서.

물론 현실에는 단순한 이해관계의 대립만이 존재하는 것이 아니다. 누구나 판단하기 어려운 미묘한 상황에서 결정을 내려야만 하는 경우도 많다. 이런 경우에 대해 중국고전은 모든 사람들이 철저히 정보를 모은다고 하더라도 결국에는 책임자 혼자서 결정을 내려야 한다고 가르친다.

큰 성공을 이루는 자는 사람들과 상의하지 않는다.

큰 성과를 내는 사람은 일일이 사람들과 의논하지 않는다.

'전국책(戰國策)' 조책(趙策) 중에서.

사람들의 지智를 모아 하늘을 예측해야한다.

그러나 듣고 결정을 내리는 것은 오직 한사람뿐이다.

사람들의 지혜를 모으면 하늘의 움직임도 예측할 수 있다. 그렇기 때문에 많은 사람들의 의견에 귀를 기울이고 그것을 바탕으로 자신이 결단을 내려야한다.

'설원(說苑)' 권모(權謀)편 중에서.

그러나 이런 결단으로 인해 끊임없이 인내해야하는 부하직원이나, 마치 버려진 장기판의 말과 같은 처지에 놓이게 된 부서의 사람들은 당연히 상사를 원망하는 마음을 가질 수 밖에 없다. 냉정하게 이야기하면 그런 부하직원들의 원망까지도 정면으로 받아들이는 것이 상사와 지도자가 해야 하는 중요한 일이라는 것이다. 여기에 대해 말한 유명한 명언이 있다.

누군가의 원망에 책임을 지고 비난을 알아주는 것 또한 재상이 해야 할 일이다.

원망을 받고 비방을 받아들이는 것도 재상의 중요한 일인 것이다.

'위정삼부서(爲政三部書)' 묘당충고(廟堂忠告) 중에서.

이를 사자성어로 표현하면 '임원분방任怨分謗' 이다.

그러나 처음엔 원망을 들었다하더라도 일을 파악하는 눈

이 정확해지고 그 후에 따르는 성과가 있다면 평가는 크게 바뀌게 될 것이다. 그리고 당나라를 대표하는 시인인 두보杜甫는 다음과 같이 노래했다.

장부는 관 뚜껑을 덮어야 모든 일이 결정된다.
사람은 죽은 후에야 처음으로 평가된다.

'군불견간소혜(君不見簡蘇徯)' 두보(杜甫) 중에서.

이는 현대에도 사용되고 있는 '사람일은 관을 덮은 후에 결정된다.' 라는 관용구의 출전이다. 모든 일을 길게 보지 않는다면 그 결과를 평가하는 것이 불가능하다는 뜻이다.

05

아랫사람과는 어떤 관계를 맺어야 하는가

지금까지 '언행일치' 와 '보다 넓은 시야' 라는 상사와 지도자들의 정체성에 대해 이야기했다. 하지만 조직이란 부하직원이나 지도자를 꿈꾸는 사람들이 있기 때문에 성립하는 것이다. 그렇기 때문에 양쪽의 힘이 합쳐지지 않으면 당연히 높은 성과는 나올 수 없다.

지금부터는 윗사람과 아랫사람의 관계와 부하로서의 마음가짐을 날카롭게 표현한 명언에 대해 이야기 하겠다.

먼저, 본디 윗사람과 아랫사람이 갖춰야 하는 입장에 대해 살펴보자.

윗사람이 충분히 명확하다면 아랫사람은 충분히 충성할 수 있다.

윗사람은 일을 똑똑히 살피는 기질을 발휘하는 것이 중요하고, 아랫사람은 진심을 다하는 것이 중요하다.

'서경(書經)' 이훈(伊訓)편 중에서.

위에 있다고 아래를 짓밟아서는 안 되고, 아래에 있다고 위에 아첨해서는 안 된다.

높은 지위에 있어도 아랫사람을 짓밟아서는 안 된다. 낮은 지위에 있어도 일부러 윗사람에게 아첨을 해서는 안 된다.

'중용(中庸)' 14장 중에서.

이 두 격언은 공통적으로 '아랫사람은 얼버무리거나 아첨을 해서는 안 된다는 것' 을 말하고 있다. 앞서 이야기한 '한비자韓非子' 의 '군주는 두 개의 눈을 가지고 나라를 보지만, 인민은 만개의 눈을 가지고 군주를 주목한다.' 는 말과 같다. 본디 상하관계에는 정보나 인식의 비대칭성이 따라다니게 된다. 즉, '위에서 아래는 잘 보이지 않는다' 는 것이다.

이런 상황에서 아랫사람이 일을 대충 얼버무리거나 아첨을 하는 등 가짜 정보를 사용하면 상사와 지도자는 현실을 제대로 볼 수 없게 된다. 따라서 제대로 된 판단을 내릴 수가 없다.

그렇기 때문에 제3장에서도 이야기했듯이 높은 위치에 있는 사람은 반드시 여러 경로를 통해 정보를 얻어야 한다. 그것이 상사와 지도자가 갖춰야 할 바람직한 태도인 것이다.

직위만으로 판단해 이야기를 듣고 사람들의 참여를 기다리지 않으며 한 사람만을 이용해 문호를 개방하는 자는 멸망하리라.

상대의 지위에 집착해 여러 가지 정보를 맞춰보지도 않고 총애하는 한 사람만을 정보원으로 삼는 군주는 스스로를 파멸시킨다.

'한비자(韓非子)' 망징(亡徵)편 중에서.

또한 정보가 들어오는 것을 기다리는 것만이 아니라, 직접 아래의 정보를 가지러 가는 일도 요구된다. 자신의 의자에서 거만하게 기다리기만 하는 상사는 아랫사람보다도 더 아래에 있는 것과 마찬가지이다.

묻는 것을 좋아하면 곧 넉넉해지고, 혼자서 어떻게든 해 보려하면 옹색해 질 것이다.

질문하기를 좋아하면 자신의 지식이나 그릇을 크고 풍족하게 하는 것이 가능하다. 무엇이든 자기 혼자서 어떻게 해보려고 하면 작은 상태로 머물 것이다.

'서경(書經)' 중회지고(仲虺之誥)편 중에서.

영민하고 학문을 즐기며, 질문하는 것을 부끄러워하지 말지어다.

머리가 좋고 배우려는 마음이 두터우며 과감히 부하에게 가르침을 청하는 일을 개의치 않는다.

'논어(論語)' 공야장(公冶長)편 중에서.

미국의 기업가들의 사회에는 이런 관점에 관한 재미있는 이야기가 있다.

세계최고의 소매점으로 알려진 월마트의 창업자인 샘 월튼(Samuel Moore Walton)은 다음과 같이 말했다고 한다.

'내가 자랑할 수 있는 단 한 가지 일은 미국의 어떤 체인 기업의 경영자들보다도 훨씬 많은 실례를 견학하고 있다는 점이다.'

'불황 없는 소비를 창조하라(Made in America: My story)'

물론 이것은 지어낸 이야기가 아니다. 월마트의 점포수가 미국 전역에서 300개를 넘어선 이후에도 월튼은 모든 점포를 적어도 일 년에 한번 씩은 시찰했다고 한다. 월마트가 소매점의 최강자의 위치를 차지할 수 있었던 이유를 잘 알 수 있다.

06

아랫사람의 기분을 이해하라

또한 사람들이 저지르기 쉬운, 그다지 좋지 않은 습관을 탓하는 말로 다음과 같은 격언들이 있다.

윗사람에게 싫은 점이 있다면 그와 같은 것을 아랫사람에게 해서는 안 되며, 아랫사람에 대해 싫은 점이 있다면 그와 같은 것으로 윗사람을 대해서는 안 된다.

상사의 태도가 마음에 들지 않는다면 그와 같은 행동으로 부하직원을 대해서는 안 된다. 부하직원의 태도에 거슬리는 부분이 있다면 상사를 따를 때에도 그와 같은 태도를 보여서는 안 된다.

'대학(大學)' 전(傳)10장 중에서.

회사에서 선배에게 귀여움을 받거나, 애정이 담긴 교육을 받으면 그 부하직원도 같은 행동을 후배에게 하고자하는 의지가 생기게 된다. 하지만 반대의 경우는 '부負의 연쇄반응'이 일어나기 쉬워진다. 즉, 선배로부터 괴롭힘을 받으면 후배를 더 심하게 괴롭히게 되는 것이다.

사실인지 아닌지 그 여부는 알 수 없지만 이런 현상이 여성만으로 구성된 직장에서 일어나기 쉽다는 이야기를 들은 적이 있다. 또한 이런 식으로는 '조화로움和'을 실현하는 것이 불가능하다. '애정이 있는 교육', '은혜를 세대에서 세대로 이어가는 것'과 같이 좋은 상하관계의 전통을 어떻게 세대 간에 이어나갈 것인가는 최근 들어 굉장히 중요한 문제로 떠올랐다.

사실, 앞서 이야기한 '괴롭힘의 예'처럼 상사나 지도자는 자신의 본 성품과는 관계없이 상황에 따라 폭군이 되기도 한다. 부하직원으로서는 '제발 하지 말았으면……' 하는 부분이라고 생각하지만 이런 불합리를 포함한 경험을 쌓음으로써 부하직원은 좋은 상사로, 지도자를 꿈꾸는 사람들은 좋은 지도자로 자라나는 것이다. 이런 부분을 지적한 것이 송나라의 대표 사상가인 장횡거張橫渠 이다.

사람이란 위에 있으면 편하고, 아래 있으면 어려운 법이다.

하지만 아래에 있어보지 않으면, 아래에 있는 사람을 다룰 수 없으니 그 진위를 알 수 없다.

상사로서 부하직원을 부리는 것은 쉽다. 하지만 부하직원으로서 상사를 따르는 것은 어렵다. 하지만 부하직원으로서 따라 본 경험이 없다면 상사가 되어도 자신의 부하직원을 제대로 부릴 수 없다. 왜냐하면 그들의 기분을 잘 모르기 때문이다.

'근사록(近思錄)' 정사류(政事類) 중에서.

아랫사람은 어떤 것에 기뻐하고 의욕이 생기는 것일까. 반대로 어떤 것에 상처를 받고, 의욕을 잃게 되는 것일까. 이것을 자신의 과거 경험을 통해 이해하게 된다는 것이다.

'예기禮記' 에는 이런 지적에 부연설명을 덧붙인 명언이 있다.

사람은 아이라는 것을 알고 난 후에야 아버지가 될 수 있다.
사람은 신하라는 것을 알고 난 후에야 군주가 될 수 있다.

아이란 어떤 존재인가를 직접 알고 난 후에야 자신이 부모가 될 수 있다. 가신이란 어떤 존재인가를 직접 알고 난 후에야 군주가 될 수 있다.

'예기(禮記)' 문왕세자(文王世子)편 중에서.

이렇듯 조직사회의 쓴맛 단맛을 다 경험한 상사나 지도자만이 실현할 수 있는 것이 조직의 이상적인 상태인 '조화로움和' 인 것이다.

07

조화和와 같음同의 차이

'화和' 는 중국고전에 있어서, 조직의 이상적인 상태를 표현하는 글자로 '논어論語' 에는 다음과 같은 유명한 말이 있다.

군자는 화和하지만 동同하지 않는다.
소인배는 동同하고 화和하지 않는다.

군자는 서로의 다름을 알고 조화를 이루지만 남의 의견에 무턱대고 동조하지는 않는다. 소인배는 동조는 하지만 조화는 이루지 못한다.

'논어(論語)' 자로(子路)편 중에서.

여기서 주목해야 할 점은 '화和'와 '동同'의 차이이다. '동同'을 한마디로 표현하면, 윗사람이 하얀 것을 검다고 하면 아랫사람들도 모두 검다고 하는 것과 같은 태도를 일컫는다. 한편, '화和'란 서로의 의지나 의견이 다르더라도 조직의 발전을 위해 같은 곳을 향해 협조하며 조화를 이뤄 나아가는 태도를 말한다.

이런 의미에서 '화和'를 이루는 조직이란 '동지의 결합체'가 아닌 '유지有志의 연합체' 즉 어떤 일에 같은 뜻을 가진 사람들의 모임'이라고 표현할 수 있다.

도道란, 모든 사람들이 뜻을 함께하는 것이다.

사람들이 공유할 수 있는 도道야말로 모든 사람을 하나로 만드는 것이다.

'손자(孫子)' 시계(始計)편 중에서.

또한, 현명한 사람이라면 설사 자신의 의견과 다르다하더라도 올바른 목표나 도리에는 반드시 스스로를 억누르고 따를 것이다. 따라서 어떤 일에 대해 같은 뜻을 가진 사람들이 서로 조화를 이루는 것이 가능한 것이다.

현인과 일을 하는 것은 좋다. 자신의 의지를 굽히고 도를 따르기 때문이다.

뛰어난 인물과 일을 하는 것은 좋은 일이다. 왜냐하면 자신을 억제하고 도리에 따라주기 때문이다.

'법언(法言)' 권칠과견(卷七寡見) 중에서.

한편, 분명하게 잘못된 목적이나 도리임에도 불구하고 그 방향으로 조직전체가 흘러간 경우가 생길 수도 있다. 이런 흐름에 쉽게 좌우되지 않는 것이 바로 뛰어난 사람이라는 증거이다.

군자는 화和하고 류流하지 않는다.

군자는 다른 사람들과 잘 어울리지만 휩쓸리지는 않는다.

'중용(中庸)' 제10장 중에서.

조직이 분명히 잘못된 길로 들어서기 시작하면 '그 방향은 이상하다' 라고 간언하는 것이 아랫사람들에게 요구되는 행동이다. 하지만 아무리 간언해도 상사와 지도자가 들어주지 않는 경우가 많다. 그렇다면 이럴 때는 어떻게 대처해야 하는 걸까.

08

변화에 맞춰 유연하게 살아가기

아무리 간언해도 상사나 지도자가 들어주지 않는 경우, 좀 의외이긴 하지만 '그 조직을 떠나도 좋다.' 는 것이 공자 시대의 가치관이었다.

신하된 자의 예禮는 드러내 놓고 충고를 하지 않는 법이다. 세 번 간언해도 듣지 않는다면 그 밑을 떠나라.

군주에게 잘못이 있으면 돌려서 간언하라. 그러나 세 번 간언해도 듣지 않는다면 그 나라를 떠나는 것이 신하의 도리이다.

'예기(禮記)' 곡예하(曲禮下)편 중에서.

그러나 그 다음 시대부터는 군주의 명령에 의해 결과가 실패했다면, 군주의 명령을 어기고라도 '자신의 목숨을 내놓는 각오를 하고서라도 해야 할 일을 하는 것이 신하의 길' 이라는 지적이 나오기 시작했다.

명령을 거스른다 해도 군주의 이익이 되는 것, 이것이 충忠이다.

명령을 어기고라도 군주의 이익이 되는 행동을 해야 한다. 그것이 신하의 도리이기 때문이다.

'순자(筍子)' 신도(臣道)편 중에서.

이것은 사자성어로 '역명이군逆命利君' 이라고 한다. 이와 같은 조직에 대한 사고방식의 차이는 예전에도 있었다.

예를 들어 전국시대의 일본무사들은 자신의 능력을 인정해주는 사람을 찾아다니며 주군을 계속 바꾸는 것을 당연하게 생각했다. 제3장에서 이야기한,

무사는 자신을 알아주는 사람을 위해 숙고,

여인은 자신을 좋아하는 사람을 위해 몸치장을 한다.

'전국책(戰國策)' 조책(趙策)중에서

이런 생각이야말로 힘든 세상을 살아가는 남자들의 기본 가치관이었다. 목숨을 건 이상, 무엇인지 모를 '화和'를 위해 죽을 수 없었던 것이다. 또한 전쟁에서 이기지 않으면 안 되었기 때문에 능력주의가 기본인 시대였다. 그렇기 때문에 인재의 유동성이 필연적으로 높을 수밖에 없었던 것이다.

그러나 에도시대에 들어서자 일본무사들은 '두 명의 군주를 모시지 않는다' 는 도덕관념에 사로잡히게 됐다. 다음의 격언은 '의식衣食이 풍족하면 예절을 안다' 는 의미로 알려졌다.

창고가 풍족하니 예절을 알고, 의식이 풍족하니 영욕榮辱을 안다.

생활이 안정되어야 비로소 예절을 분간하게 되며, 생활이 풍요로워지고서야 비로소 영예와 치욕을 이해하게 된다.

'관자(管子)' 목민(牧民)편 중에서.

즉, 평화로워진 후에야 '예절'을 무엇보다도 중요시하게 되어 서로의 '분수'를 알게 되고 사회의 유동성을 억제하고 길고 긴 '화和'의 실현을 지향할 수 있게 된 것이다. 막부시대말기에 지사志士들이 목숨을 걸고 '탈번脫藩(소속 무사집단에서 이탈하는 것)'한 것도 이런 배경에서 비롯된 것이다.

조직이 이상한 방향으로 나아가기 시작했을 때, 가망이 없다고 판단하고 재빨리 조직을 떠날 것인가, 아니면 그대로 조직에 남아 개혁을 이루어낼 것인가, 이는 마치 현대의 비즈니스맨의 인생을 보고 있는 듯하다. 두 가지 가치관이 있는 것처럼 어떤 결단을 내리는가는 사람에 따라 각각 다를 수밖에 없다.

명예도 없이 비난도 없이 한 때는 용이요, 한 때는 뱀이로다. 때에 따라 변화하니, 한결같음이 없음이라.

명예에도 악평에도 얽매이는 일 없이 어떤 때는 용이 되고 어떤 때는 뱀이 되어 상황에 따라 변화해서 무언가 고집하는 일이 없다.

'장자(莊子)' 산목(山木)편 중에서.

이와 같은 징자의 말처럼 시대상황의 변화와 함께 유연하게 살아갈 수밖에 없는 것인지도 모르겠다.

V

중국고전이 가르쳐주는 궁극의 '불패 방정식'

전략의 오류

•

백전백승이 최선은 아니다

•

계속해서 이겨나가는 것은 적을 늘리는 것이다

•

실력을 쌓고 행동하라

•

치명상을 입지 않는다

•

불패(不敗)는 노력으로 가능하다

•

상대의 실수를 유도하라

•

장점과 단점 모두가 패배의 원인이 될 수 있다

•

지도자에게 요구되는 다섯 가지 조건

01

전략의 오류

2000년대의 중반을 지났을 무렵, 서점의 진열대에는 '전략戰略' 이라는 제목이 붙어있는 책이 '대성황' 을 일으켰다.

때마침 대기업에서 시작된 구조조정과 연금위기에 대한 극심해진 걱정으로 인해 사람들의 미래가 급격히 불투명해진 상황과 딱 들어맞았던 것이다. 지금까지는 적당한 대학을 나와서 기업에 들어가고 연금을 내면 적어도 경제적인 부분에서는 걱정 없이 지낼 수 있었던 것이 한순간 요란한 소리를 내며 무너져 내리기 시작한 것이다.

게다가 비즈니스 영역에서도 글로벌화의 파도를 타고 동

아시아국가들로부터 값싼 제품들이 대량으로 들어오기 시작했다. 급격한 변화가 밀려왔고 결국 많은 기업들이 기존의 경영방식으로는 이익을 내지 못하고 괴로워하는 상황이 생겨났다.

즉, 사람도 기업도 지금까지의 '성공의 왕도' 가 통하지 않게 된 것이다. 말하자면 앞이 보이지 않는 미래에 나아가기 위한 수단이 필요하게 된 것이다. 그리고 '전략戰略' 은 이 상황을 대처하는 위한 가장 중요한 도구였다.

최근에는 이런 기현상이 더욱 가속화되었다. 오늘의 승자가 내일의 패자가 되기도 하는 등의 급격한 변화가 계속되고 있다. 좀 피상적인 이야기이지만 이런 격렬한 변화를, 사실은 전략자체가 만들어내고 있다는 측면도 있다.

얼마 전 파산한 미국의 에너지 기업인 엔론이나 거대증권사인 리먼 브라더스, 과거의 영광을 차차 잃어가는 해외의 머니펀드 등을 살펴보면 현저히 드러나는 것처럼 높은 이익만을 추구해 기술적인 조작만을 중요시한 것이 오히려 파멸의 지름길이 된 경우가 수없이 존재한다. 이는 전략이 어느 한 부분에 지나치게 치우쳐 생긴 '몰락' 이라고도 할 수 있다.

노장사상老莊思想의 대표적인 고전으로 알려진 '노자老

子' 에도 이런 말이 있다.

병기는 상서롭지 못한 물건이니, 부득이한 경우에만 사용하라.

> 전쟁은 운수가 좋지 않다. 부득이한 경우에만 전쟁을 하는 것이다.
>
> '노자(老子)' 31장 중에서.

즉 전쟁이나 전략에 지나치게 의존하면 스스로를 멸하게 만드는 원인이 된다는 뜻이다.

사실 중국고전에는 이런 전쟁이나 전략을 포함한 문제를 날카롭게 추궁하는 듯한 명언이 많다. 하지만 그와 동시에 '어쩔 수 없을 때에만 사용하라'는 '노자老子'의 말처럼 싸워야만 하는 경우에 관한 명언 또한 병법서를 중심으로 상당수 남아 있다.

이런 이유로 제5장에서는 먼저 전쟁이란 무언인가, 승리란 무엇인가, 와 같은 근본적인 부분에 관한 명언을 소개한 후에 전략에 관한 명언, 그리고 거기서부터 밝혀지는 전쟁의 원리원칙에 관해 이야기 하겠다.

02

백전백승이 최선은 아니다.

먼저 전쟁에 관한 문제를 생각하는 데 있어서 가장 시사하는 바가 큰 것은 '오자吳子'라는 병법서에 있는 다음과 같은 말이다.

연전연승해서 천하를 손에 넣는 자는 드물고, 결국 망해버리는 자는 많다.

여러 차례 승리해서 천하를 얻는 자는 드물지만, 여러 차례 승리해서 죽는 자는 많다.

'오자(吳子)' 도국(圖國)편 중에서.

'어째서 연전연승하는 것이 결국엔 스스로를 망하게 만드는 원인이 되는 것일까?' 라는 질문에는 두 가지의 이유가 있다.

먼저 첫 번째로 라이벌이 많은 상황에서는 전쟁을 반복해서 자국의 국력이나 전력을 지나치게 소비해 제3자가 어부지리하게 되는 경우이다.

마이크로 소프트의 빌 게이츠와 소프트뱅크의 손정의가 반독해서 읽기로 유명한 '손자孫子' 에는 이런 말이 있다.

백전백승은 가장 좋은 일이 아니다.
싸우지 않고 병사들을 굴복시키는 것이 가장 좋은 일이다.

백번을 싸워서 백번을 이긴다 해도 최선책이라고는 할 수 없다. 싸우지 않고 적을 굴복시키는 것이야말로 최선책인 것이다.

'손자(孫子)' 모공(謀攻篇)편 중에서.

어째서 백번백승이 최선이 아닌 것일까. 그것은 백번을 이기는 동안 국력이나 군사력을 소모시켜 백한 번째의 전쟁에서 제3자가 어부지리로 이기게 된다면 그처럼 멍청한 일은 없기 때문이다. 그럴 바에는 될 수 있는 한 싸우지 않고 체력을 온존하게 해서 상대를 손쉽게 제압하는 방식으로 세력을 확장하는 것이 보다 좋은 생각인 것이다.

현대의 비즈니스를 보아도 자사의 경영자원을 소모하는 싸움에 말려드는 경우를 보는 것은 어렵지 않다.

라이벌회사와의 가격경쟁, 소매의 출품경쟁, 라인업의 전개경쟁 등이 그 전형적인 예라고 할 수 있다. 이들 모두가 만약 눈앞의 라이벌에게 이겼다고 해도 자사 또한 엉망이 되는 경우가 많다. 그 결과 제3자가 이득을 보게 되어 흡수합병이 되는 것과 같은 결과를 초래하는 경우도 적지 않다.

이처럼 눈앞의 승리가 후의 자멸을 불러일으키는 원흉이 되기 때문에 싸우지 않는 편이 좋다는 것이 중국고전의 가르침인 것이다.

반대로 '손자孫子'를 즐겨 읽는 소프트뱅크의 손정의는 이런 점을 참고해 '싸우지 않고 병사를 굴복시키는 것'을 비즈니스에 응용해서 자신만의 전략을 만들어냈다.

즉, 한 부문에 새롭게 참여를 할 때 부터 회사를 만들어 다른 기업들과 경쟁하는 것이 아니라 그 업계에서 기반을 쌓고 있는 기업을 M&A를 통해 자사로 편입시키는 것이다.

일본에서 M&A가 아직 일반적이지 않던 시절, 이 전략을 많이 사용한 소프트뱅크는 정보인프라부문에서 단기간에 큰 세력을 구축하게 됐다.

03

계속해서 이겨나가는 것은 적을 늘리는 것이다

싸움을 계속하는 것으로 뛰어난 계책을 얻지 못하는 데에는 또 하나의 중요한 이유가 있다.

그것은 전쟁이나 다툼에 있어 진 쪽이 복수의 칼날을 품거나 서로가 불구대천不俱戴天 즉, 같은 하늘 아래 살 수 없는 깊은 원한관계가 되기 쉽다는 것이다. 결과적으로 계속해서 이겨나간다는 것은 잘못하면 복수의 집념을 품은 적을 필요 이상으로 만든다는 의미가 되기도 한다.

'나폴레옹 보나파르트'라고 하면 한 때, 19세기 유럽을 석권한 영웅으로 유명하다. 그는 전쟁의 천재였음에도 불구하고 자신의 패권을 오래 지키지 못했다.

그 이유로는 여러 가지를 들 수 있지만 나폴레옹과의 전쟁에서 진 상대들이 적이 되어 서로 동맹을 맺었다는 설이 가장 유력하다.

나폴레옹은 전쟁에서 이긴 나라에 자신의 가족을 보내 그 나라의 왕으로 삼았다. 그러나 이런 행동이 각국의 왕족과 국민들의 원한과 분노를 사는 계기가 된 것이다.

병법서의 '육도六韜'와 '오자吳子'에는 각각 다음과 같은 지적이 있다.

천하의 이利를 함께하는 자는 천하를 얻고,
천하의 이利를 자신만 갖고자하는 자는 천하를 잃는다.

천하의 이익을 공유하고자하면 천하를 얻을 수 있지만, 이익을 독점하려하면 천하를 잃고 만다.

'육도(六韜)' 문도(文韜) 중에서.

싸워서 이기는 것은 쉽지만, 그 승리를 지키는 것은 어렵다.

싸워서 승리를 얻는 것은 쉬운 일이지만 그 성과를 유지하는 것은 어렵다.

'오자(吳子)' 도국(圖國)편 중에서.

전쟁이나 경영의 대부분은 자신의 이익과 욕심에서 시작된다. 그리고 그것이 지나치면 결국 스스로를 파멸시키는 원흉이 되고 다른 사람에게 비난을 받게 되는 것이다.

하지만 동시에 싸움이란 스스로가 원하지 않더라도 휘말리게 되는 경우도 있다. 이런 때에 자신을 지키기 위한 기술을 갖고 있지 않으면 이 또한 스스로를 파멸하게 만드는 원인이 되는 것이다.

'사마법 司馬法' 이라는 병법서와 역사서인 '춘추좌씨전 春秋左氏傳' 에는 다음과 같은 말이 있다.

나라를 크게 만들고 싶어서 전쟁을 즐기면 반드시 망하리라.
천하가 평안하다고 전쟁을 잊고 살면 반드시 위험해지리라.

대국 大國 이라고 해서 전쟁을 즐기면 나라를 멸하게 한다. 또한 평화롭다고 해서 군비 軍備 를 소홀히 하면 반드시 위험이 닥쳐온다.

'사마법(司馬法)' 인본(仁本)편 중에서.

불우 不虞 에 대비하지 못한다면 전쟁을 해서는 안 된다.

예측하지 못한 사태에 대한 준비가 되어있지 않으면 전쟁에 참여해서는 안 된다.

'춘추좌씨전(春秋左氏傳)' 은공오년(隱公五年) 중에서.

활용은 하지 않더라도 자신을 지키기 위한 방법으로 군비나 전략은 절대적으로 필요하다는 것을 뜻한다.

그렇다면 반드시 싸워야만 할 때에는 먼저 어떤 말을 새겨두는 것이 가장 좋을까, 이제부터는 이런 상황에 대한 명언을 살펴보겠다.

04

실력을 쌓고 행동하라

먼저 공격하지 않으면 안 되는 상황이더라도 그런 상황 속에는 자신과 라이벌과의 '실력 차이' 라는 문제가 있기 마련이다. 바둑을 비유하면 초심자가 프로 기사에게 승부를 걸어도 상대가 될 수 없는 것과 같다. 예를 들어 비즈니스에서 신흥기업이 삼성이나 엘지에게 정면승부를 걸어도 이길 확률이 전혀 없는 것과 마찬가지이다. 결국, 실력의 차이가 어느 정도 인가에 따라 행동방식을 바꾸지 않으면 스스로를 멸하는 원인이 되는 것이다.

이에 대해 지적 한 것이 '손자孫子'의 그 유명한 말, 백전백승 百戰百勝 이다.

> 적을 알고 나를 알면 백번 싸워도 위험하지 않다.
>
> 적을 알고 나를 알면 절대로 질 걱정은 없다.
>
> '손자(孫子)' 모공편(謀攻篇) 중에서.

이 말에서는 '백전을 해도 위험하지 않다.' 즉, '이길 수 있다.' 고 표현하지 않았다는 점이 중요하다. 왜냐하면 앞선 예를 통해서도 알 수 있듯이 초심자가 아무리 프로기사를 연구하고 신흥기업이 아무리 대기업에 대해서 파악했다 하더라도 이길 가능성은 전혀 없기 때문이다.

마찬가지로 군대에서도 우리 쪽의 전력이 압도적인 열세에 놓여있는데 적에 대해 숙지했다는 이유만으로 이긴다는 것은 무리가 있다는 이야기이다. 하지만 이기는 것은 어려워도 지지 않을 수는 있다. 즉, 싸우지 않는 대책을 세우거나 약삭빠르게 잘 피해다님으로써 결착을 지을 수 없는 상황을 이어가면 적어도 지는 일은 없게 되는 것이다.

이 '이기는 일' 과 '지지 않는 일' 의 차이는 중요하기 때문에 여기에 대해서는 나중에 다시 한 번 이야기하겠다.

자, 그러면 자신이 약하고, 이기기 힘들 것 같은 경우에는 어떻게 행동하는 것이 좋을까?

그에 대한 암시를 주는 것이 '손자孫子'에 적혀있는 손무孫武의 자손인 장수 손빈孫臏의 명언이다.

잘 싸우는 자는 적의 장점을 보면 그 단점을 알고, 적의 유리한 점을 보면 그 불리한 점을 알게 된다.

싸움에 능한 자는 적이 자신있어하는 부분을 보면, 자신 없는 부분을 파악하고, 적의 불리한 부분을 보면, 그 유리한 부분을 파악한다.

'손빈병법(孫臏兵法)' 기정(奇正)편 중에서.

어떤 상대라도 자신 있는 부분과 자신 없는 부분이 있다. 이런 점을 파악하면 그에 맞는 싸움의 방식이 보이게 된다는 뜻이다.

예를 들어 비즈니스에서 대기업은 그 규모가 크기 때문에 세밀한 조치를 취하기가 어렵다. 그렇기 때문에 규모가 작은 분야에 진출하기란 쉬운 일이 아니다. 이를 반대로 생각하면, 중소기업은 대기업이 진출하기 힘든 틈새시장을 찾거나 이익이 생기는 곳을 이곳저곳 찾아다니는 방식이 성공할 확률이 높다는 이야기가 된다.

'사마법 司馬法' 이라는 병법서에는 다음과 같은 글이 있다.

소부대는 세밀한 책략을 이용하는 것이 좋고, 대부대라면 정공법을 이용하는 것이 적당하다.

수가 적을 때는 복잡한 책략으로 이익을 얻고, 수가 많을 때는 정통적인 책략으로 이익을 얻는다.

'사마법(司馬法)' 용중(用衆)편 중에서.

백만분의 일의 톱니바퀴로 잘 알려진 일본의 유명한 마츠우라 모토오 사장이 이에 대해 다음과 같이 표현했다.

'나는 기술, 품질, 재무내용의 세 가지만을 중시하기로 했다. 나는 회사의 경영방침 같은 것이 정말 싫다. 하지만 이 세 가지는 정말 중요하게 지키고 싶다. 중소기업이 다른 회사와 경쟁해야하는 부분이라고 생각하기 때문이다. 반면, 중소기업이 다른 회사와 경쟁해서는 안 되는 부분도 있다. 그것은 바로 가격, 규모, 종류, 이 세 가지이다.'

소수파인 중소기업은 게릴라전법으로 싸울 수밖에 없다. 이것이야말로 중소기업이 배워야할 수법이다.

'백만 분의 일', 마츠우라 모토오

게릴라전법이란 보통은 정글 같은 곳에 숨어 있다가 적의 허술한 부분을 발견하면 일시에 습격해서 반격을 당하기 전에 또다시 정글로 숨어들어가는 싸움방식을 말한다. 중소기업도 이익이 될 것 같은 틈새시장을 발견하면 재빨리 진출해서 대기업이 적극적으로 나서기 시작하면 유연하게 빠져나와야 한다는 것이다.

이와 같은 민첩함을 가지고 유연히 대처하며 싸울 수 있는 강함을 '손자孫子'와 '삼략三略'이라는 병법서에서는 다음과 같이 표현했다.

병사의 형태는 물을 본뜬다.

전투태세는 물의 흐름과 같지 않으면 안 된다.

'손자(孫子)' 허실(虛實)편 중에서.

병사는 재빠름을 가장 중요시한다.

작전의 요점으로는 신속함을 으뜸으로 한다.

'손자(孫子)' 구지(九地)편 중에서.

유柔가 강剛을 제압하고 약弱이 강强을 제압한다.

부드러움이 단단함을 제압하고, 약함이 강함을 제압한다.

'삼략(三略)' 상략(上略) 중에서.

05

치명상을 입지 않는다

또한 싸움에 있어서는 도전은 해보았으나 생각만큼 결과가 나오지 않아 고전이 이어지는 경우도 적지 않다.

전쟁에서 이런 경우에는 최대한 치명상을 입지 않도록 하고 전력을 보존해서 다음기회를 생각하는 것이 기본적인 방책이다.

수가 적으면 도망치고, 미숙하면 피하라.

열세의 병력이라면 퇴각한다. 승산이 없다면 싸우지 마라.

'손자(孫子)' 모공(謀攻)편 중에서.

서른여섯가지의 책략, 도망이 최고의 계책이다.

서른여섯가지의 계략 가운데 도망치는 것을 최고의 책략이다.

'남제서(南齊書)' 왕경즉전(王敬則傳) 중에서.

후자의 경우는 역사서인 '남제서南齊書' 에 있는 한 구절로 '삼십육계 줄행랑이 제일이다.' 라는 말의 출전이 되기도 한 책이다. 우리가 흔히 사용하는 상장격언의 하나로 구입했을 때보다 가격이 떨어진 주식은 가격이 오를 것을 기대하고 가지고 있을 것이 아니라 재빨리 팔아버리라는 뜻의 '단념이 천냥' 이라는 말과 모든 면에서 통하는 면이 있는 듯하다.

또한 삼국시대의 위나라와 오나라와 싸웠던 촉나라의 제갈공명諸葛孔明 은 다음과 같은 말을 했다.

예부터 잘 다스리는 자는 전쟁을 하지 않고,

전쟁을 잘 하는 자는 진을 치지 않고,

진을 잘 치는 자는 싸우지 않고,

잘 싸우는 자는 패하지 않고,

잘 패하는 자는 멸하지 않는다.

예부터 훌륭한 정치를 하는 군주는 전쟁에 의지하지 않았다. 전쟁을 잘 하는 군주는 전투를 일으키지 않았다. 전투를 잘 하는 군주는 일부러 교전을 일으키려 하지 않았다. 실전에 강한 군주는 지는 일이 없었다. 요령 있게 지는 군주는 나라를 멸망시키기 않았다.

'제갈량집(諸葛亮集)' 장원(將苑) 중에서.

마지막 부분의 '잘 패하는 자는 멸하지 않는다.'는 표현은 그야말로 치명상을 입지 않는 패배를 생각하고 있으면 살아남을 수 있다는 것을 뜻한다. 약소국인 촉나라를 짊어지고 일어나야만 했던 제갈공명의 심정을 그래도 토로한 말이기도 하다.

하지만 전쟁의 종류에 따라 열세에 몰려 고통을 받는다 하더라도 거기서 힘껏 버티지 않으면 전멸필지全滅必至, 즉 전체가 멸하는 것을 필할 수 없는 상황에 처하는 경우도 있다. 예를 들어 회사의 본업이 조금씩 악화되어 당면한 상황에 대한 타개책이 없는 경우이다. 이런 경우 가져야할 마음가짐의 자세를 병법서인 '사마법司馬法'은 다음과 같이 말했다.

대大를 견디는 것은 용勇이요, 오랜 시간을 견디는 것은 신信이다.

강대한 적에 대항하기 위해 필요한 것은 용기이며 장기전을 견디기 위해 필요한 것은 신뢰이다.

'사마법(司馬法)' 엄위(嚴位)편 중에서.

'오랜 시간을 견디는 것은 신信이다'에서 나는 이 '신信'에 두 가지 의미가 있다고 생각한다. 첫 번째 의미는 먼저 괴로운 상황이 지속된다면 조직의 분해를 막기 위해서 상사와 부하직원간의 신뢰관계를 반드시 구축해야 하는 것이다.

게다가 사람은 기한이 있는 고통에는 견딜 수 있으나 앞이 보이지 않은 고통에는 마음이 무너져버리는 경향이 있다.

조직의 대표나 리더는 근거 있는 희망이나 최악의 상황을 생각한 후에 현재의 상황이 어느 정도 인지를 사람들에게 알려줘야 할 의무가 있다. 이런 경우에 근거가 없는 희망을 제시해서 거기에 배신을 당하면 오히려 그들의 심리적인 의지를 완전히 무너뜨리게 만들 수 있다. 따라서 제대로 된 근거를 가지고 최악의 상황을 예측하는 것이 앞서 말한 '신信'의 또 다른 모습인 것이다.

06

불패不敗는 노력으로 가능하다

자신이 약한 경우에는 그 나름대로의 행동법이 있다는 것을 알게 된 지금, 그렇다면 규모가 비슷해서 '진검승부'를 겨루지 않으면 안 되는 경우에는 어떤 말을 최고로 꼽을 수 있을까?.

이런 경우 부디 염두에 두었으면 하는 것이 있다. 바로 '손자孫子'의 말이다.

질 수 없게 하는 것은 스스로이고, 이기게 하는 것은 적이다.

불패의 태세를 만들 수 있는가 없는가는 자국군의 태

세에 의존하지만 승기를 잡을 수 있는가 없는가는 적의 태세에 좌우된다.

'손자(孫子)' 군형(軍形)편 중에서.

우리들은 전쟁이나 전쟁의 결과라는 말을 들으면 '이겼는가, 졌는가' 또는 '승리인가 패배인가' 와 같이 이분법적인 결과만을 생각한다. 현대에서 '승자' 와 '패자' 라는 말이 일반적으로 쓰이게 된 것은 이런 이분법적 사고의 상징적인 결과일 수도 있다.

그러나 이 말에서 '손자 孫子' 가 지적하고 있는 것은 전쟁에는 '패하지 않는' 즉, '불패 不敗' 라는 것이 존재하는데 이는 '자신에게 있다.' 곧 자신의 노력으로 달성할 수 있다는 것이다.

조금은 이해하기 어려운 표현이기 때문에 좀 더 자세히 설명하겠다.

예를 들어 당신의 회사가 경쟁 기업과의 점유율 경쟁을 반복하고 있다고 가정해보자. 회사의 규모나 제품의 품질은 서로 비슷하거나 동등하고, 판매 전략에도 큰 차이는 없다. 이런 상황에서는 서로가 이기기 위해 아무리 필사적으로 노력한다하더라도 일진일퇴를 거듭하며 작은 승리와 패배만이 연속될 뿐이다.

이것이 '손자孫子'가 말하는 '불패不敗', 즉 '이기지도 지지도 않은 상태'인 것이다.

경쟁자와 똑같은 노력을 하면 이 상태가 지속되기 때문에 '불패를 유지할 수 있는가는 자신의 노력에 달렸다.'라는 표현이 생겨난 것이다.

하지만 어느 날 갑자기 경쟁 회사에 좋지 않은 일이 발생해서 언론으로부터 비난을 받거나, 사장이 교체되고 사내에 내분이 발발해서 영업을 생각할 겨를이 없게 된다면 이것이야말로 기회가 찾아 온 것이다. 경쟁사로부터 점유율을 크게 빼앗을 수 있고 운이 좋다면 완전히 매장시켜 버릴 수도 있기 때문이다.

'이기게 하는 것은 적이다.' 즉, '이길 수 있을지 어떨지는 상대가 하기 나름'이라는 말은 바로 이런 상황을 두고 이야기하는 것이다.

이런 경우뿐만 아니라 '손자孫子'와 '위료자尉繚子'라는 병법서에는 '승리를 위한 방정식' 또한 적혀 있다.

싸움을 잘하는 자는 불패의 땅에 서고, 또한 적의 실패를 놓치지 않는다.

전쟁에 능숙하면 자국군의 절대불패의 태세를 다지고, 그 위에 적의 빈틈을 놓치지 않는다.

'손자(孫子)' 군형(軍形)편 중에서.

나라를 칠 때는 반드시 그 나라의 이변에 기인한다.

다른 나라를 공격할 때에는 반드시 그 나라의 이변에 편승한다.

'위료자(尉繚子)' 병교하(兵敎下)편 중에서.

이런 생각의 전제가 된 것은 사람은 전쟁이나 경영, 인생 등의 정보가 뒤엉킬 수밖에 없는 복잡한 현실에서 실수를 범할 수밖에 없다는 점이다. 모든 일에서 고도의 판단력을 가지고 그 판단을 멋지게 적중시키는 사람은 없다. 이것이 현실이다. 그렇기 때문에 병법서인 '이위공문대李衛公問對' 가 지적하는 다음과 같은 모습이 전쟁에서 당연하게 여겨지는 것이다.

고금의 승부는 대체로 한 번의 실수에 의해 결정된다.
실수가 많은 자가 패한다.

예부터 전쟁의 승패를 가르는 것은 대부분이 단 한 번의 실수에 의한 것이었다. 더구나 실수를 반복했다면 결코 승리할리가 없다.

'이위공문대(李衛公問對)' 하권(下卷) 중에서.

결국, 서로의 수준이 높아지면 높아질수록 단 한번이라도 실수를 범한 쪽이 결국 지고 만다는 '자멸=패인' 이라는 도식圖式이 전쟁뿐만 아니라 사람과 관련되는 모든 일에 공통적으로 적용되는 것이다. 이것이 사서오경四書五經의 하나인 '맹자孟子' 의 지적이다.

사람은 반드시 스스로를 욕보인다.
사람은 욕보인 후에, 반드시 스스로 집을 무너뜨린다.
사람은 집을 무너뜨린 후에, 반드시 스스로 나라를 멸한다.
그런 후에 사람이 이것을 멸하게 한다.

다른 사람으로부터 굴욕을 당하는 것은 스스로 굴욕을 당할 이유를 만들기 때문이다. 또한 가정이 붕괴하는 것도 스스로 붕괴하는 원인을 만들었기 때문이고 나라가 멸망하는 것도 스스로 멸망의 원인을 만들었기 때문이다.

'맹자(孟子)' 이루(離婁)편 중에서.

이런 경우에 제2장에서 언급한 지나친 확대, 교만이나 방자 같은 요소가 자신이나 그 조직을 엉망으로 만들고 결국은 망하게 하는데 있어 큰 원인이 되는 것이다. 현대에서도 입지적인 인물이 어느 순간 점차 사라지게 되거나, 유명한 대기업이 도산하게 된 이유를 살펴보면 '나라를 반드시 스스로 멸한다. 그런 후에 사람은 이것을 멸하게 한다.' 라는 부분에 수긍할 수밖에 없다.

전쟁이나 싸움으로 말하면 사실 이런 교만이나 자만이 이기기 위해 준비한 자신의 무기나 필살기가 되는 경우도 있다. 그렇기 때문에 제자백가諸子百家의 하나인 '묵자墨子' 에는 다음과 같은 말이 있다.

사람은 그 장점에 의해 죽는 경우가 적지 않다.

사람은 자신의 장점 때문에 스스로를 망치는 경우가

많다.

'묵자(墨子)' 친사(親士)편 중에서.

현대에 비유하면 과거의 성공경험에 얽매여 시대의 변화에 따라가지 못해 사라진 인물이나 기업이 그야말로 '장점에 의해 죽는 경우가 적지 않다.' 라는 표현에 해당된다.

07

상대의 실수를 유도하라

힘이 비슷한 상대와 싸우는 경우에는 때때로 실수하는 쪽이 진다는 것이 싸움에 있어 하나의 법칙이다. 그렇기 때문에 이런 상황에서 해야 하는 일은 크게 두 가지로 좁혀진다.

첫 번째로 먼저 상대가 실수하도록 여러 가지 방법을 동원해서 상대하는 것이다. 현대에는 직접적인 참고가 되지 않을 수도 있지만 이에 관한 유명한 말을 몇 가지 적어 보았다.

병兵은 궤도詭道이다.

전쟁은 어차피 서로를 속이는 것이다.

'손자(孫子)' 시계(始計)편 중에서.

처음에는 처녀와 같이 하여 적의 문을 열고,

후에는 달아나는 토끼와 같이 하니, 적은 막을 길이 없노라.

처음에는 처녀와 같이 행동해서 적을 방심하게 하라. 이 때 달아나는 토끼와 같은 기세로 공격하면 적은 아무리 애를 써도 막을 수가 없을 것이다.

'손자(孫子)' 구지(九地)편 중에서.

다방면에서 실수를 유도하라.

여러 가지 방책을 강구해서 상대의 판단을 흐리게 하라.

'이위공문대(李衛公問對)' 하권(下卷) 중에서.

두 번째 말은 '처음에는 처녀와 같이, 후에는 달아나는 토끼와 같이' 라는 표현으로 현재에도 사용되고 있는 관용구의 출전이다.

어떤 일이든 '얼마나 상대를 실수하게 만드는 가', 그 여부가 승부의 핵심이라는 것을 지적했다.

세상일에 대해 다양한 정보를 파악하면서 천천히 생각해

본다면 그렇게 크게 빛나가는 판단을 하는 일은 거의 없을 것이다. 하지만 시간이 촉박하다거나 서두르고 있을 때 결단을 강요당하게 되면 스스로도 믿지 못하는 실수를 저지르는 경우가 생길 수 있다.

이런 특성을 이용해서 상대의 콧등을 질질 끌고 다니면, 즉, 주도권을 잡아 자신의 의지대로 움직이게 하면, 상대를 쉽게 실수하게 만들 수 있다. 또한 우리에게 유리한 방향으로 유도하는 것도 가능하다.

전쟁에 능한 자는 사람을 이르게 하나, 사람에 이르지 않는다.

싸움에 능숙한 자는 상대의 작전행동에 넘어가지 않고, 오히려 상대를 자신의 작전에 넘어오게 한다.

'손자(孫子)' 허실(虛實)편 중에서.

병兵은 선先을 중히 여긴다.

전쟁에서는 선수를 치는 것이 무엇보다도 중시돼야 한다.

'위료자(尉繚子)' 전권(戰權)편 중에서.

스포츠나 교섭에는 '먼저 선수를 쳐라.' '주도권을 잡아라.' 와 같은 명언이 있다. 이는 앞서 언급한 말과 같은 발상에서 나온 것이다.

'사람을 이르게 하나, 사람에 이르지 않는다.' 의 '이르다'는 본디 마중이나 배웅을 뜻하는 말이었다고 한다. 현대에서는 기업의 관리자가 거래처의 접대를 받아 상대가 준비한 연회나 마중 또는 배웅을 받는 이미지로 보면 적당할 듯하다. 이런 상황에서 접대를 받는 쪽이 상대가 예상한 범위 내에서 움직여지는 것처럼 적군을 자신의 계획대로 움직이게 만든다는 뜻이다.

08

장점과 단점 모두가 패배의 원인이 될 수 있다

이런 궤도詭道나 주도권을 구사하는 것으로 상대의 실수를 계속적으로 유발해서 점차 괴로운 상황으로 몰아가면 상대는 다음과 같은 최후를 맞이하게 될 것이다.

> 사람은 보통 자신 없어하는 부분에서 죽고, 불편한 부분에서 패한다.
>
> '오자(吳子)' 치병(治兵)편 중에서.

참고로 앞서 '묵자墨子'에서는 '사람은 그 장점에 의해 죽는 경우가 적지 않다' 라고 말했다. 하지만 오자吳子는 '자신 없어하는 부분에서 죽고' 라는 말로 정반대의 지적을 했다. 물론 그 이유는 다르다. 하지만 장점과 단점, 어느 쪽이든 패배의 원인이 될 수 있다는 것이 전쟁의 어려운 점 가운데 하나인 것이다.

그렇기 때문에 상대를 몰아붙이면서 이들을 '자신 없어하는 부분' 이나 '불편한 부분' 에 다다르게 했을 때 망설임 없이 승부를 내야 하는 것이다.

공功은 이루기 어려우나 무너지기 쉽고, 때時는 얻기 어려우나 잃기 쉽다.

공적은 이루기 어려우나 무너지기 쉽다. 호기好機는 얻기 어렵지만 잃기는 쉽다.

'사기(史記)' 회음후열전(淮陰候列傳) 중에서.

병兵을 다룸에 있어서 최대의 해가 되는 것은 우유부단함이다.

삼군의 재앙은 의심하고 망설이는데서 생겨난다.

군을 통솔하는데 있어서는 무엇보다 우유부단함을 배

제해야한다. 장군이 의심하고 망설이면 자신의 모든 군사에게 손해를 끼친다.

'오자(吳子)' 치병(治兵)편 중에서.

'찬스의 신은 앞머리 밖에 없다(Take the fortune by the forelock)' 라는 말이 있다. 즉 '중요한 순간에 망설임 없이 결단을 내릴 수 있는가' 가 그 장군의 역량이라는 것이다.

여기까지 소개한 승리를 위한 이치 즉, '궤도詭道' 나 '주도권' 으로부터 기회를 잡음으로써 적을 격파하는 방법은 '승리의 방정식' 이라 부를 수 있는 그야말로 멋진 구조인 것이다.

그렇다면 이것을 현실에 적용하면 반드시 승리하는가 라고 물어온다면 사실 그렇게 간단하게 '그렇다' 라고 대답할 수 없다는 점에서 싸움의 어려움이 드러난다. 왜냐하면 적도 바보는 아니기 때문이다. 상대도 같은 생각을 할 수 있는 능력을 충분히 갖고 있을 수 있다.

그렇기 때문에 싸움이 고도로 발전하면 '주도권을 잡고 있다' '이것은 결정적인 기회' 라고 상대를 생각하게 만들어서 함정에 빠뜨리는 것과 같은 기술들이 당연하게 쓰이는 것이다. 실제로 '삼십육계三十六計'라는 고전에는 다음과 같은 모략이 여러 개 제시되어 있다.

동東에서 소리를 내고, 서西를 친다.

동쪽을 미끼로 삼아 서쪽을 공격한다.

성동격서(聲東擊西) 중에서.

웃음 뒤에 칼을 숨긴다.

웃는 얼굴의 뒤에 상대를 쓰러트릴 칼을 숨겨 놓는다.

소리장도(笑裏藏刀) 중에서.

어리석은 체하나 미쳐서는 안 된다.

바보인 척하며 냉정히 상대의 빈틈을 살핀다.

'삼십육계(三十六計)' 중에서.

이런 상태에서 호기好機라고해서 무턱대고 덤벼드는 것만큼 바보 같은 짓은 없다. 그렇기 때문에 앞서 말한 '오자吳子'의 말과는 정반대의 계책이 존재하는 것이다.

장군이란 그야말로 겁약怯弱 한 때도 있어야한다.

함부로 용맹을 떨쳐서는 안 된다.

장군이란 자는 때에 따라서는 겁이 많아 보일 정도로 신중해야한다. 함부로 용감함을 뽐내서는 안 된다.

'삼국지(三國志)' 위서(魏書) 하후연전(夏侯淵傳) 중에서.

이 말은 '삼국지三國志'의 영웅, 조조가 무용을 뽐내는 하후연을 훈계한 내용이다. 하지만 하후연은 이 가르침을 지키지 않았고 결국 전쟁터에서 목숨을 잃었다. '단호함' 과 '결연함' 같은 태도는 용감하고 멋있는 것이지만 실전에서는 '균형이 나쁜' 것의 상징이 되기도 한다.

09

지도자에게 요구되는 다섯 가지 조건

그렇다면 도대체 어떻게 해야 장수는 승리를 이끌어내는 판단을 내릴 수 있는 것일까? 이 문제에 대해서는 마지막에 생각해보겠다.

먼저 '오자吳子'의 말에 등장한 우유부단함이나 반대로 하후연이 상징하는 경솔함과 같이 한쪽으로 지나치게 '치우침'으로 인해 문제가 되는 경우에는 다음과 같은 '손자孫子'의 말을 참고하면 좋을 듯하다.

지자智者의 생각에는 반드시 이해利害가 섞여있다.

이利를 생각하며 임무를 작실히 하고, 해害를 생각하며 근심을 해결한다.

지혜로운 사람은 반드시 이익과 손실의 양면을 염두에 두고 일을 생각한다. 즉, 이익을 생각할 때에는 손실을 고려한다. 그러면 일이 순조롭게 발전한다. 반대로 손실을 입은 때는 그로인해 얻은 이익면도 고려한다. 그러면 쓸 때 없는 걱정은 없어진다.

'손자(孫子)' 구변(九變)편 중에서

결국 단편적으로 일을 생각하지 말고 보는 관점에 다면성을 부여해서 균형을 회복하는 것이 중요하다는 것이다.

그러나 이 '다면성'에는 두 가지의 의미가 존재한다는 점에서 주의해야한다. 첫 번째는 말 그대로 '걱정만 잔뜩' 한다든가, 반대로 '위험요소 같은 건 생각하지 않는다' 라는 식의 단편적인 관점을 배제해야한다는 것이다. 다시 말해 착안점의 균형으로서의 '다면성' 을 말하는 것이다.

또 다른 한 가지는 가치판단의 '다면성' 이라고 할 수 있다. 극단적인 예로 '손자孫子' 에서 장군의 조건을 지적한 부분을 들 수 있다. 그 항목은 다음과 같다.

장군이란 지智, 신信, 인仁, 용勇, 엄嚴이다.

장군의 조건은 지모智謀(슬기로운 꾀), 신의信義, 인자仁慈, 용기勇氣, 위엄威嚴의 다섯 가지이다.

'손자(孫子)' 시계편(始計篇)

여기서 말한 이 다섯 가지 모두, 지도자에게 있어 반드시 필요한 자질들이다. 그러나 '손자孫子'는 상황에 따라서는 이 자질들이 부정적인 요소가 될 수 있다고 지적했다.

장군에게는 오위五危가 있으니
필사必死하면 죽임을 당하고
필생必生하면 포로가 되며
분속忿速하면 경멸당하고
염결廉潔하면 모욕을 당하고
애민愛民하면 성가시게 된다.

장수에게는 빠지기 쉬운 다섯 가지의 위험이 있다.
전투에도 필사적이면 전사하기 쉽다.
살고자 하면 포로가 되기 쉽다.
성질이 급하고 화를 잘 내면 적의 술수에 빠지기 쉽고

청렴결백하면 적의 도발에 넘어가기 쉽다.

민중을 생각하는 마음이 지나치면 정신을 빼앗기기 쉽다.

'손자(孫子)' 구변(九變)편 중에서.

자세히 살펴보면 위의 지적은 앞서 말한 장군의 다섯 가지조건과 대응관계에 있는 것을 알 수 있다.

용기는 필요하지만 '장난에도 필사적' 이라는 부정적인 면도 생긴다.

마찬가지로 지모는 필요하지만 '자기 군대의 온존을 우선시' 하는 단점이, 위엄은 필요하지만 '성질이 급하고 화를 잘 내는', 신의는 필요하지만 '융통성이 없는', 인자함은 필요하지만 '지나치게 신경을 쓰는' 것과 같은 부정적인 면이 각각 존재한다.

즉, 완전히 같은 요인이 상황에 따라서는 강점도 되고 약점도 될 수 있는 것이 현실이라는 것이다. 균형 있는 판단을 하고 싶다면 '이건 무조건 좋아' 또는 '무조건 안돼' 와 같은 식으로 처음부터 결론을 내려서는 안 된다. 조건에 따라 그 가치가 얼마나 변하는가를 파악하는 것이 필요하다.

또한, 승리를 이끌어 내기 위한 판단의 요건에는 다음과 같은 말도 있다.

명군현장明君賢將이 움직이면 승리한다.

성공을 이끌어내기 위해서는 먼저 알아야 한다.

총명한 지도자나 현명한 장군이 싸우면 반드시 적을 물리치고 멋진 성공을 얻는 것은 상대보다 먼저 적의 정세를 파악하기 때문이다.

'손자(孫子)' 용문(用問)편 중에서.

적보다 먼저 정보를 손에 넣어라, 그것이 무엇보다 중요한 승리의 원동력이다. 물론 이와는 반대로 자신의 정보가 알려지면 상대가 유리해지기 때문에 다음과 같은 지적도 있다.

병兵을 잘 다루는 자는 먼저 파악 되지 않도록 한다.

전쟁을 잘 하는 사람은 먼저 자신의 움직임을 관찰당하지 않는다.

'이위공문대(李衛公問對)' 상권(上卷)중에서

여기서 말하는 정보란 '기밀정보' 나 '극비계획' 과 같이 대단한 것들만을 가리키는 것은 아니다. 예를 들어 무언가를 판단하고자 할 때 세 가지의 성보만으로 판단을 내리는 것보다는 열 가지의 정보로 판단하는 것이 판단의 정확도를 높이는 것은 분명한 사실이다. 단, 정보의 질이 같다는 전제조건이 있어야 한다. 적을 이기고자 하는 상황에서 정보량으로 차이를 벌리는 것은 보다 정확한 판단을 이끌어내기 위한 기본조건이 되는 것이다.

이런 관점에 대해서 기업의 이익을 5년 만에 열배로 만든 것으로 유명한 캐논전자의 사카마키 히사시 사장이 정곡을 찌르는 명언을 한 적이 있다. 마지막으로 그 말을 소개하고 본문을 마무리 하겠다.

'교섭을 할 때 이기고 싶다고 생각한다면 일단 상대보다 많은 정보를 가져야한다. 그것이 가능하다면 교섭에서 이길 수 있다. 만약 그것이 무리라면 교섭자체를 하지 않으면 된다. 이렇게만 하면 백전백승할 것이다.'

•사서오경 四書五經

논어(論語)

공자(孔子, 기원전551-479 이름은 구(丘) 자(子)는 선생의 의미)와 그의 제자들의 언행을 손제자(孫弟子)와 증손제자(曾孫弟子)들이 정리한 책이다. 전20편으로 구성되었으며 500가지 정도의 짧은 이야기가 수록되어 있다. 당시는 전란이나 하극상이 이어지던 시대로 그런 상황 속에서 어떻게 나라의 질서를 찾을 것이며, 사람으로서 지키며 살아가야 할 일들은 무엇인가에 대해 쓰여 있다. 이후 유교(儒敎)의 원전으로 읽혀지며, '서양의 성경, 동양의 논어'로 불리고 있다.

맹자(孟子)

맹자(孟子, 기원전372-289 이름은 가(軻))의 언행록이다. 공자의 사상을 이어받아 '성선설(性善說)', '인(仁)'과 '의(義)'에 의한 왕도정치를 주장했다. 전7편으로 구성되었으며 전반의 3편은 유세(遊說)중의 기록이고 후반의 4편은 은퇴 후의 언설을 정리해 놓았다. 그다지 중요한 고전으로 여겨지지 않았으나, 송대(宋代)에 들어 '논어(論語)' '대학(大學)' '중용(中庸)'과 함께 '사서(四書)'의 예로 포함되며 중시되기 시작했다.

대학(大學)

본래 '예기(禮記)' 중 한 편이었던 것을 송대에 주자학(朱子學)을 부흥시킨 주희(朱熹)가 독립시켜 '사서(四書)'의 하나로 만들었다. '대학(大學)'이란 '대인(大人)의 학(學)'의 줄임말로, 천하의 지도자가 될 사람들이 배워야할 학문이라는 의미를 갖고 있다. 정확한 성립연대나 필자는 알려져 있지 않다.

중용(中庸)

'대학(大學)'과 마찬가지로 송대의 주희가 '예기(禮記)'로부터 독립시켜 '사서(四書)'의 하나로 포함시켰다. 공자의 손자인 공잉(孔仍, 이름은 자사(子思))이 썼다고 알려져 있으나 정확한 사실은 알려지지 않았다. '중용(中庸)'의 '중(中)'은 치우침이나 편향이 없다는 의미이고 '용(庸)'이란 불변을 의미한다. 천하에 변하는 일이 없는 도리(道理)를 설명하는 책이라는 의미를 갖고 있다.

서경(書經)

유교의 원전인 '오경(五經)'의 하나로 옛날에는 '상서(尙書)'나 '서(書)'라고 불렸다. 전설의 성천자인 요(堯)·순(舜)·우(禹)부터 주(周)의 문왕(文王)·무왕(武王), 춘추시대(春秋時代) 진(秦)의 목공(穆公)까지 위정자들과 그 보좌역들의 언사를 정리한 책이다. 현존하는 58편 중, 33편은 한대(漢代) 초기의 복생(伏生, 이름은 승(勝) 자는 자천(子賤) 진(秦)나라 때의 박사로 '상서(尙書)'에 정통했다)이 전한 책으로 '금문상서(今文尙書)'로 불리며, 남은 25편은 후세에 지어진 위작으로 알려져 '위고문상서(僞古文尙書)'로 불린다.

역경(易經)

유교의 원점인 '오경(五經)'의 하나로, 점(占)에 대한 책으로 유명하다. 온갖 현상을 64가지의 괘(卦)로 나누어 그것을 설명하는 '경(經)'과 그 해석학(解釋學)인 '십익(十翼)'으로 구성했다. 원형이 정리 된 것은 서주말기(西周末期)부터 춘추시대라고 알려져 있다.

예기(禮記)

유교의 원점인 '오경(五經)'의 하나로, 현재 전해지는 것은 한대(漢代)의 대성(戴聖, 한(漢)나라 시대의 학자. 자는 차군(次君))에 의해 정리되었다. 전49편으로 구성되었으며 왕조의례부터 일상생활의 예까지 사회 전반의 '예(禮)'를 적었다.

춘추좌씨전(春秋左氏傳)

유교의 경전인 '춘추(春秋)'에 그 주석인 '좌씨전(左氏傳)'이 추가된 것이다. '춘추(春秋)'는 노(魯)나라의 사관(史官)이 쓴 편년체(編年體, 역사를 연대순으로 기술하는 체재)형식의 기록으로, 은공(隱公)원년(기원전722년)부터 애공(哀公)14년(기원전481년)까지 기술되었다. 이 원문을 공자가 정리해 역사적인 비판을 포함시켰다고 알려졌으나 정확한 사실은 알 수 없다. '좌씨전(左氏傳)'의 저자로도 알려져 있는 좌구명(左丘明, 춘추시대의 노(魯)나라 학자)에 대해서도 자세한 내용은 알려져 있지 않다. '춘추(春秋)'라는 시대구분은 이 책의 제목으로부터 추정된 것이다.

•제자백가 諸子百家

노자(老子)

'도가(道家)'의 책이다. '도덕경(道德經)'으로도 불린다. 전81편이며 모든 편이 잠언(箴言,살아가는 데 교훈이 되고 경계가 되는 짧은 말)풍의 짧은 문장으로 구성되어 있다. 만물의 근원이 '도(道)'라는 존재를 인정하고 그 도(道)에 맞는 생활 방식을 지향했다. 최근 중국에서 유적의 발굴상황으로 미루어 보아 아마 전국시대초기에는 그 원형이 성립되어있었던 것으로 추측된다.

장자(莊子)

'노자(老子)'와 함께 '노장사상(老莊思想)'이라고 불리는 '도가(道家)'의 책이다. 전국시대의 사상가인 장자(莊子,이름은 주(周))의 작품이라고 알려져 있다. '노자(老子)'의 10배 이상의 양이다. '노자(老子)'와 비교해서 보다 약한 자, 서민의 입장에 있는 사람이 '도(道)'에 맞는 생활방식을 갖기 위한 방책을 설명하고 있다.

열자(列子)

'노자(老子)' '장자(莊子)'와 어깨를 나란히 하는 도가(道家)의 책이다. 전국시대의 사상가 · 열자(列子, 이름은 어구(禦寇))의 작품이라고 알려져 있지만 정확한 사실은 알 수 없다. 전7편이며 그 중 양주(楊朱)편은 전국시대를 석권했다고 일컬어지는 사상가인 양자(楊子, 이름은 주(朱))의 원문이 섞여있다고 알려져 있다.

관자(管子)

춘추시대, 패권을 쥔 제(齊)의 환공(桓公)을 보좌한 명재상인 관중(管仲)과 그 영향을 받은 학파의 명설을 정리한 책이다. 내용은 여러 방면에 걸쳐 쓰였으며, 한대(漢代)의 유향(劉向)이 88편으로 정리했지만 현대에 전해지는 것은 그 중 75편뿐이다.

상군서(商君書)

법가(法家)의 선달(先達, 과거에 급제는 하였으나 벼슬길에 오르지 못한 사람을 일컫던 말) 중 한 명이다. 상앙(商鞅, 기원전390(추정)-338, 중국 전국시대 진(秦)나라의 정치가)의 사상을 정리한 책이다. 그러나 상앙이 직접 저술한 것이 아니라, 그 사상을 이어받은 사람들이 정리한 것으로 알려져 있다. '상자(商子)'로도 불리며 전국시대의 진에서 '상군(商君)의 변법'이라고 불리는 정치개혁을 일으켜 후에 진나라가 천하통일을 이루는 기반을 다진 인물이다.

한비자(韓非子)

'법가(法家)'의 이론을 집대성한 책이다. 전55편으로 구성되었다. 한비(韓非, 미상-기원전233 전국시대 말기 법가사상의 대표인물)는 소국이었던

한(韓)나라의 공자로 태어나 순자(荀子)의 문하에서 수학한 후, '한비자(韓非子)'를 완성했다. 그러나 운명의 장난인지 그의 이론은 한나라는 멸망시킨 진나라에 채용되어 천하통일의 이론적인 지주가 되었다.

순자(荀子)

전국시대후반의 사상가인 순자(荀子, 기원전298-238, 이름은 황(況))의 저술서이다. '성악설(性惡說)'을 비롯해, 예(禮)를 중심으로 하는 '예치주의(禮治主義)'를 주장했다. 그의 문하에는 법가를 집대성한 한비(韓非)와, 진나라의 재상으로 천하통일의 원동력이 된 이사(李斯, 미상-기원전208, 진나라의 정국을 담당한 실력자로 분서갱유(焚書坑儒)를 단행시켰다.) 등이 있다.

묵자(墨子)

전국시대, 큰 세력을 자랑한 묵가(墨家)를 세운 묵자(墨子, 기원전479-381, 이름은 적(翟). 제자백가의 하나인 묵가의 시조로 전국시대 초기에 활약한 사상가)의 언행을 정리한 책이다. 유가(儒家)가 중시한 '인(仁)'은 다른 사람을 차별하는 사랑이라고 주장하며 '겸애(兼愛)', 즉 차별 없는 사랑을 주장했다. 전53편으로 구성됐으나 묵가의 교단은 진나라의 중국통일과 함께 거의 소멸됐다.

• 병법서 兵法書

손자(孫子)

춘추시대말기, 오(吳)나라의 장군인 손무(孫武)가 썼다고 알려진 병법서이다. 전13편으로 구성되었다. 정치 · 외교적인 관점에 입각한 군사전략을 기술해서 그 탁월한 내용은 중국뿐만 아니라 일본과 유럽, 미국 등 세계적으로 영향을 미치고 있다.

오자(吳子)

예로부터 '손자(孫子)'와 함께 '손오(孫吳)'라 불린 병법서이다. 전6편으로 구성되었으며 전국시대의 초기, 위(魏)나라의 오기(吳起)의 작품이라고 알려져 있지만 정확한 사실은 알 수 없다.

사마법(司馬法)

주대(周代)의 군직(軍職)인 '사마(司馬)'의 기록에 춘추시대의 명장 · 사마양저(司馬穰苴)의 병법이 합쳐져 만들어진 책으로 알려져 있다. 전5편으로 구성되었다.

위료자(尉繚子)

법가(法家)의 색이 짙다고 일컬어지는 병법서이다. 저자에 관해서는 전국시대 위(魏)나라의 혜왕(惠王)에게 부국강병을 설득한 위료(尉繚)와 후에

시황제(始皇帝)에게 천하통일의 작전을 진언한 위료(尉繚)라는 두 가지 설이 있다. 전24권으로 구성되었다.

육도(六韜)

전쟁의 백과사전이라 불리는 병법서이다. 전6권이며 주(周)왕조를 부흥시킨 문왕(文王)·무왕(武王)과 그 참모였던 태공망(太公望)사이의 병법에 관한 문답형식으로 이뤄져있다. 성립연대나 저자 등에 대한 사실은 불분명하다.

삼략(三略)

도가(道家)의 영향을 강하게 받은 병법서로 '육도(六韜)'와 함께 '도략(韜略)'이라고도 불린다. 상중하의 3단계로 구성되었다. 성립연대나 저자는 알려져 있지 않다.

이위공문대(李衛公問對)

당(唐)태종과 명장 이정(李靖, 571-649)의 문답형식으로 구성된 병법서이다. '당태종이위공문대(唐太宗李衛公問對)' '당이문대(唐李問對)'으로 불리기도 한다. 전3권으로 구성되었으며 후세의 사람이 당태종과 이정을 빙자하여 병법담의를 전개한 것이라고 추정되어진다.

손빈병법(孫兵法)

'손자(孫子)'의 저자로 알려진 손무(孫武)의 자손 · 손빈(孫臏)이 쓴 병법서이다. 1972년에 산동성(山東省)의 은작산한묘(銀雀山漢墓)에서 발굴되었다. 손무(孫武)의 시대와 비교해서 전쟁의 규모가 크고, 공성전(攻城戰)이 늘어난 현실이 반영되어 있다.

제갈량집(諸葛亮集)

삼국지의 시대, 촉(蜀)의 재상이었던 제갈공명(諸葛孔明,181-234, 이름은 량(亮))의 유문(遺文, 죽은 이가 남긴 글)을 모아놓은 것이다. 정사(正史,정확한 사실을 바탕으로 하여 편찬한 역사) '삼국지(三國志)'의 저자인 진수(陳壽,233-297, 중국 서진(西晋)의 역사가로서 삼국시대(三國時代)의 역사를 다룬 삼국지(三國志)를 저술했다)가 편찬한 것이 남아있었지만 산실되어, 현재 전해지는 것은 청대(淸代)의 장주(張澍)가 재편찬한 것이다.

삼십육계(三十六計)

아마도 청대(淸代)에 정리한 것으로 추정되는 책략과 모략집이다.

• 역사서 歷史書

전국책(戰國策)

전국시대의 '세객(說客, 능란한 말솜씨로 유세(遊說)하며 다니는 사람)' 즉 유세사(遊說士)들의 언행을 모아 놓은 것이다. 전33권으로 구성되었으며 옛날에는 '국책(國策)' '국사(國事)' '단장(短長)' '장서(長書)' 등으로 불렸다. '전국(戰國)' 이라는 시대구분을 가능하게 한 것은 이 책의 제목에서부터이다.

사기(史記)

한(漢)의 사마담(司馬談,미상-기원전110, 중국 전한 때의 사상가) · 천(遷, 기원전 145-86(추정) 전한 시대의 역사가)부자의 저서이다. 전설로 전해지는 시대부터 사마부자가 태어난 한대 초기까지의 역사가 적혀있다. 전130권이다. 자신이 살고 있는 시대를 알기 위해서 그 경위를 자료를 얻을 수 있는 과거를 되짚어 가는 방식은 현대 역사학의 시조라 불리기에 손색이 없다.

한서(漢書)

전한왕조(前漢王朝,기원전206-8)와 왕망(王莽)이 세운 신왕조(新王朝,8-23)의 역사를 기록한 역사서이다. 전100권으로 구성되었다. 반표(班彪,3-

54, 중국의 역사가이자 한나라의 관리)와 그의 아들인 반고(班固,32-92), 딸인 반소(班昭,45-117)에 의해 편찬되었다.

후한서(後漢書)

후한왕조(後漢王朝,25-220)의 역사를 기록한 책이다. 전130권으로 구성되었으며 본기(本紀)10권과 열전(列傳)80권은 남조송(南朝宋)의 범엽(范曄,398-445, 중국 남북조시대의 역사가)이, 그리고 지(志)의 30권은 진(晋)의 사마표(司馬彪,미상-306)가 썼다.

삼국지(三國志)

후한왕조의 붕괴부터 시작 된, 위(魏), 오(吳), 촉(蜀) 삼국의 흥망의 역사를 기록한 책이다. 전65권으로 구성되었다. 초기 저자인 진수(陳壽,233-297)의 기술이 간략했기 때문에 남조송(南朝宋)의 비송자(裵松子)가 관련된 기록을 모아 주석을 달았다. 이를 포함해 정사(正史)로 여겨진다. 일본에 관련된 첫 역사자료가 '위지왜인전(魏志倭人傳)-정식명칭은 위서동이전(魏書東夷傳)'에 기록되어 있다. '후한서(後漢書)'에도 '동이전(東夷傳)'이 있지만 '삼국지(三國志)'가 먼저 성립되었다.

남제서(南齊書)

중국남조 제(齊,479-502, 중국 남북조 시대 강남에서 건국된 남조의 2번째 왕조. 북조의 북제와 춘추시대의 제와 구별하기 위해 남제 혹은 소제라고 부르기도 한다-역주)나라의 역사를 기록한 책이다. 량(梁)의 소

자현(蕭子顯)이 썼다. 전59권으로 구성되었다.

• 그 밖의 서적

한시외전(韓詩外傳)

전한초기의 사상가, 한영(韓嬰)이 지었다. 전10권으로 구성되었다. 원래는 '시경(詩經, 중국 최고의 시집으로 주(周)나라 초부터 춘추시대초기까지의 시 305편을 모은 유가의 경전 중 하나)'의 해설이라고 전해지는 '내전(內傳)'도 있었으나 산실(散失)되어 현대에는 전해지지 않는다. 유가의 사상, 특히 맹자의 영향을 강하게 받았다.

회남자(淮南子)

한대초기, 회남왕(淮南王, 중국 한나라 종실의 유장(劉長))의 유안(劉安)이 편찬한 백과사전이다. 전21권으로 구성되었으며 도가사상을 기반으로 다른 사상의 위치를 정하는 체제를 사용했다.

염철론(鹽鐵論)

전한(前漢),소제(昭帝, 기원전95-74)시대에 열린 소금과 철의 전매(轉賣, 국가가 특별한 목적으로 특정의 물품을 생산에서부터 판매에 이르기까지 독점하는 일)에 대한 토론회(기원전81)의 기록을 환관이 정리한 것으로 전 60편으로 구성되었다.

설원(說苑)

전한말기에 편찬 된 설화집이다. 책을 엮은 사람은 전한(前漢)의 학자이자 정치가인 유향(劉向, 기원전77-6, 자는 자정(子政))이다. 책제목은 사람을 설득하기 위한 이야기를 모았다는 뜻이다. 상당한 부분이 산실되어있던 것을 송대(宋代)의 증공(曾鞏, 당송팔대가(唐宋八大家)의 한사람. 자는 자고(子固)이며, 남풍선생(南豊先生)이라고도 불림)이 현재 전해지는 20권의 책으로 정리했다.

열녀전(列女傳)

고대여성들의 이야기를 정리해 놓았다. 전한말의 유향(劉向)이 편찬했다고 알려져 있다.

법언(法言)

전한말기의 양웅(揚雄, 기원전53-기원후18, 전한말기에 유행한 신비적이고 비합리적, 미신적인 참위설(讖緯說), 천인상관설(天人相關說)에 반대한 철학자)이 집필한 문답형식의 학문론 · 인생론이다.

안씨가훈(顔氏家訓)

남북조시대의 문인학자인 안지추(顔之推, 531-602)가 자손에 대한 교훈으로서 남긴 책으로 전20편으로 구성되었다.

제범(帝範)

당왕조(唐王朝)의 2대 황제인 태종(太宗,이세민(李世民), 600-649)이 태자를 위해 제왕이 규범으로 삼아야 할 것들을 적은 책이다. 전4권이며 12편으로 구성되었다.

정관정요(貞觀政要)

당(唐)의 황제인 태종(太宗)과 그를 보좌했던 명신(名臣)들 간에 주고받은 정치적인 문답집(問答集)이다. 당대의 역사가인 오긍(吳兢)이 엮었다. 일본이나 중국에서 제왕학(帝王學)의 교과서로 사용되어 도쿠가와 이에야스(德川 家康)나 메이지천황(明治天皇)도 이 책의 진강(進講)을 받았다.

류(유)씨가훈(柳氏家訓)

당(唐)의 류(유)빈(柳玭)이 남긴 가훈집이다.

근사록(近思錄)

주자학(朱子學)을 부흥시킨 주희(朱熹)가 친구인 여조겸(呂祖謙, 1137-1181, 중국 남송(南宋)시대의 학자. 자는 백공(伯恭))과 함께 초심자를 대상으로 하는 주자학의 입문서로서 편집한 책이다. 주자학의 선달로 알려진 주렴계(周濂溪), 정명도(程明道), 장횡거(張橫渠)의 저서로부터 622항목을 골라, 14권으로 분류해 정리했다.

소학(小學)

어른을 대상으로 하는 '대학(大學)'이라는 고전이 있다면 이 책은 아동에 대한 교육을 위해 쓰인 책이다. 주희(朱熹)가 저술한 것으로 알려져 있으나 문하생인 유자징(劉子澄)에게 편찬하라 지시해서 만들어진 것이라는 설도 있다. 내외(內外)의 2편으로 구성되었다.

송명신언행록(宋名臣言行錄)

송대(宋代) 명신들의 언행을 주희가 편찬해 정리한 일화집이다. 송나라 초기의 5대에 걸친 명신들을 거론한 '오조명신언행록(五朝名臣言行錄)' 10권과 그 후의 3대를 거론한 '삼조명신언행록(三朝名臣言行錄)'의 14권을 합쳐 송명신언행록이라 부른다.

위정삼부서(爲政三部書)

원대(元代)의 관료였던 장양호(張養浩, 1269-1329)가 후배들을 위해 남긴 충고집(忠告集)이다. 원제(原題)는 '삼사충고(三事忠告)'였으나 야스오카 마사히로(安岡 正篤)가 '위정삼부서(爲政三部書)로 번역해서 일본에 출판했다.

전습록(傳習錄)

양명학(陽明學)을 제창한 왕양명(王陽明, 1472-1528, 이름은 수인(守仁))의 어록이자 양명학의 입문서이다. 상중하의 3권으로 이뤄져있다. 주자학(朱子學)의 '격물궁리(格物窮理)', 알기 쉽게 말하면 '관찰과 이해'라는 사고방식을 비판하고, '지행합일(知行合一)'이나 '사상마련(事上磨鍊)', 즉 '언행일치(言行一致)'와 '현장주의(現場主義)'를 중시하고 있다.

왕문성공전서(王文成公全書)

왕양명(王陽明) 자신이 정리한 서적이 남아있기 않기 때문에 후세의 사람들이 그의 상주문(上奏文,임금에게 말씀을 아룀)이나 편지, 어록 등을 정리한 것이다. '전습록(傳習錄)'은 이 왕문성공전서의 일부이다.

채근담(菜根譚)

명대(明代)의 사람인 홍자성(洪自誠, 이름은 응명(應明) 호는 환초도인(還初道人))이 쓴 중국식의 처세(處世)의 지혜를 정리한 책이다. 유교, 불교, 도교의 세 가지 가르침을 융합되어 있는 것이 특징이다. 360의 짧은 문장이 전후(前後)의 2집으로 구성되어 있다.

신금어(呻唫語)

명대의 여곤(呂坤, 1536-1618, 자는 숙간(叔簡), 호는 신오(新吾))가 지은 책. 인생에 대한 날카로운 통찰로 이루어진 자성록(自省錄)이다.

취고당검소(醉古堂劍掃)

명대말기의 육소형(陸紹珩)이 고금의 명언을 모아 편찬한 책. 야스오카 마사히로(安岡 正篤)의 소개로 인해 일본에서도 많이 읽혔다. 전12권으로 구성되었다.

통속편(通俗編)

일상생활에서 쓰이는 성어(成語)를 해설한 책이다. 청(淸)나라의 적호(翟灝)가 집필했다.

•그 외의 문장 · 시문

서문행(西門行)

한대(漢代)에 지어진 작자미상의 시(詩)이다. 전설 속의 시대부터 수대(隨代)까지의 당시(唐詩, 당나라 때 지어진 시)이전의 고시를 모아 놓은 '고시상석(古詩賞析)'에 수록되었다.

보출하문행(步出夏門行)

삼국지의 영웅 조조(曹操, 155-220 자는 맹덕(孟德))가 쓴 악부(樂府, 지금의 가요(歌謠)의 가사)의 이야기이다. 조조는 정치나 군사적인 면뿐 아니라 예술적인 면에서도 당대에 손꼽히는 재능을 가지고 있었다. '고시상석(古詩賞析)'에 수록되었다.

잡시(雜詩)

동진(東晋)의 시인인 도연명(陶淵明,365-427 이름은 잠(潛))이 지은 시이다. '잡시(雜詩)'는 12수(首, 시문의 편수를 나타내는 말)이 있지만 인용구는 첫 번째 수의 한구뿐이다. '도연명집(陶淵明集)'에 수록되었다.

술회(述懷)

당왕조 초기의 명신인 위징(魏徵, 580-643 자는 현성(玄成))이 지은 명시이다. 태종이 자신에게 중책을 맡겼을 때의 기분을 표현한 것으로 '당시선(唐詩選)'의 벽두(劈頭, 글이나 말의 첫머리)를 장식한 일도 있으며 많은 사람들에게 사랑받고 있다.

백두(白頭)를 슬퍼하는 옹(翁)을 대신하여

당대(唐代)의 시인인 유희이(劉希夷, 651-679 자는 정지(廷芝))가 지은 시이다. '당시선(唐詩選)'에 수록되었다.

군불견간소혜(君不見簡蘇傒)

당대(唐代)를 대표하는 시인인 두보(杜甫,712-770)가 지은 시이다. 인용한 문구는 유명하지만 시 자체는 그다지 알려지지 않았다. '당시선(唐詩選)'에도 수록되지 않았다.

춘망(春望)

당대(唐代)의 시인 두보의 대표적인 명시이다. 의외로 '당시선(唐詩選)'에는 수록되지 않았다.

권주(勸酒)

당대(唐代)의 우무능(于武陵, 810-미상, 이름은 업(鄴))이 지은 시이다. '당시선(唐詩選)'에 수록되었다.

잡설(雜說)

당(唐)의 문인이자 당송팔가(唐宋八家) 중 한 사람인 한유(韓愈,789-824, 자는 퇴지(退之))가 쓴 글이다. '잡설(雜說)'이란 '수상(隨想)'이라는 의미로 인용구는 전4편 중 4편째 글에 있다. 남송의 사방득(謝枋得, 1226-1289)이 과거수험의 참고서로 편찬한 규범문집인 '문장궤범(文章軌範)'에 수록되어 널리 알려졌다.

제오강정(題烏江亭)

당대(唐代)의 시인인 두목(杜牧, 803-853)의 시이다. 항우(項羽)와 인연이 있는 땅인 오강(烏江)을 방문했을 때 지었다고 한다. 이 명시도 '당시선(唐詩選)'에는 수록되지 않았다.

붕당론(朋黨論)

북송(北宋)의 문인이자 정치가인 구양수(歐陽脩, 1007-1072)이 당시의 정치적인 혼란을 귀감으로 삼아, 의(義)로 파벌을 만드는 군자의 정당성을 주장한 글이다. '문장궤범(文章軌範)'에 수록되었다.

관중론(管仲論)

북송(北宋)의 문인이자 당송팔가(唐宋八家)중 한 사람인 소순(蘇洵, 1009-1066 자는 명윤(明允))이 춘추시대의 명재상 · 관중(管仲)을 논한 책이다. '문장궤범(文章軌範)'에 수록되었다.

권학문(勸學文)

남송(南宋)의 정치가이자 사상가인 주희(朱熹, 1130-1200)의 필치(筆致, 글이나 글씨 쓰는 솜씨)에 의한 문장이다. 한시문(漢詩文)을 배우는 초심자를 위한 입문서인 '고문진보(古文眞寶)'에 수록되어 널리 알려졌다.

천년을 내다보며 살아라

2013년 8월 10일 1판 1쇄 인쇄
2013년 8월 15일 1판 1쇄 발행

펴낸곳 | 동해출판
펴낸이 | 하중해
지은이 | 박정수
마케팅 | 홍의식
디자인 | 하명호
주 소 | 경기도 고양시 일산동구 장항1동 621-32호 (410-380)
전화 | (031)906-3426
팩스 | (031)906-3427
e-Mail | dhbooks96@hanmail.net
출판등록 제302-2006-48호
ISBN 978-89-7080-214-5 (03320)
값 12,000원